La France à 20 heures

Collection *Monde en cours*
créée par Jean Viard

Ouvrage édité par Manon Viard

www.editionsdelaube.com

ISBN 978-2-8159-6015-1

Emmanuel Durand
Aure Goffman
Tristan Guerra
Thierry Keller
Jean-Daniel Lévy
Raphaël LLorca
Axel Salmon
Mathieu Souquière

La France à 20 heures

Ou l'heure d'être ensemble

éditions de l'aube

Il est 20 heures

L'heure d'être ensemble

Mathieu Souquière[1]

Nous vivions dans un monde simple.

Un monde longtemps dual, où deux géants se neutralisaient et conféraient une forme de stabilité à l'ordre géopolitique. Un monde où la construction européenne nous protégeait du retour du nationalisme et du virus de la guerre qui avaient ensanglanté le continent. Un monde où la prospérité matérielle paraissait faire écho à la progression des libertés et au renforcement de la démocratie. Un monde où chacun ambitionnait d'exercer son métier – le même toute sa vie – dans une entreprise – la même toute sa vie –, pour en tirer indépendance économique et statut social. Un monde où

1. Mathieu Souquière est consultant et essayiste. Dernier ouvrage paru : *2022, la flambée populiste* (avec Damien Fleurot, Plon, 2021).

le progrès technique permettait d'améliorer les chaînes de montage, de déployer des lignes de TGV et des câbles téléphoniques, de communiquer et de commercer à l'échelle de la planète. Un monde où l'ordre social reposait sur un modèle familial traditionnel et sur l'avènement attendu d'une large classe moyenne.

Nous vivions dans un monde simple, mais nous ne le savions pas.

Si chaque époque aime se qualifier d'« historique », la nôtre expérimente en effet des mutations d'une ampleur inédite : une révolution numérique qui bouleverse simultanément notre modèle productif, notre organisation sociale et nos vies quotidiennes, une révolution écologique qui n'en est qu'à ses débuts, une révolution démographique qui annonce l'ère du grand âge, une instabilité géopolitique qui n'épargne pas même l'Europe et une forme d'épuisement démocratique qui alimente, partout, un puissant ressentiment.

En bref, un monde devenu incertain et illisible, soumis à des logiques perçues comme immaîtrisables. Un monde dont nous peinerions de plus en plus à cerner le sens, c'est-à-dire la signification en même temps que la direction. Cette grande transformation qui s'opère sous nos yeux a donc des allures de grande interrogation. Au milieu de ces sables mouvants, un impératif s'impose à nous : celui de ne pas gesticuler – sous peine de sombrer – et plutôt d'observer, de raconter, d'analyser. C'est ce que nous avons voulu faire ici, modestement, pour tenter de redonner un peu de sens à ce monde qui en paraît de plus en plus dépourvu, en retrouver pour soi-même et pour les autres. Car, oui, que serions-nous sans les autres ?

Avec une idée en tête : celle, précisément, de commencer à repenser un peu notre rapport aux autres, tellement abîmé au cours des dernières années et plus encore des derniers mois. S'est en effet progressivement imposée une lecture très orientée du présent, décrivant la France comme un pays en voie d'« archipellisation », juxtaposant des « communautés » repliées sur elles-mêmes et de moins en moins disposées à prendre leur part d'un projet commun. Première étape d'un diagnostic ayant glissé, subrepticement, vers un second concept, encore plus explicite : celui d'un pays en voie de « décivilisation », en proie à des groupes qui ne se contenteraient pas de vivre « côte à côte », mais, selon la formule consacrée, « face à face ». En somme, un pays fracturé et « enfiévré », pris comme malgré lui dans une logique de pré-guerre civile. Il faut dire que, des Gilets jaunes à l'embrasement de nos banlieues à l'aube de l'été 2023, le réel ne s'est pas privé de fournir quelques cas d'école. Le printemps 2024 y a ajouté son lot, et non des moindres : un double séisme politique, aux élections européennes et législatives, et un climat marqué par la réémergence de pulsions qu'on pensait contenues et la libération d'une parole raciste et antisémite d'une ampleur nouvelle.

Ces chocs et les réprésentations qui les accompagnent doivent nous questionner et moins que jamais nous encager dans une vision de nous-mêmes intellectuellement paresseuse et politiquement dangereuse, tant il est aisé de comprendre quelle dynamique électorale elle alimente. Élargir les termes du débat, enrichir ce dernier d'une lumière différente – plus douce et plus chaude –, renouveler nos imaginaires pour les libérer de la gangue dans laquelle l'analyse dominante a fini par les enfermer nous semble au contraire donc de bonne politique. Nous ne changerons le réel qu'à condition d'en transformer également et préalablement la perception que nous en avons.

Depuis la fracture originelle de la Révolution française – et de celles qui ont suivi en 1830, en 1848, en 1871... –, depuis la lutte féroce entre monarchistes et républicains, entre dreyfusards et antisémites, entre catholiques et laïcs, entre bellicistes et pacifistes, entre communistes et socialistes d'abord, entre communistes et gaullistes ensuite, entre résistants et collabos, entre colonialistes et libérateurs, entre étudiants et policiers, entre étatistes et libéraux, entre fédéralistes et souverainistes, entre riches et pauvres, patrons et ouvriers, immigrés et « Français de souche », on cherche à quelle époque mythifiée la concorde et l'apaisement l'auraient emporté. On s'insulte sur les réseaux sociaux, mais on s'envoyait des cendriers au visage sur le plateau de Michel Polack et on se bagarrait, entre fachos et antifas, à la sortie des facs. On assassinait même le patron de la « régie » Renault en bas de chez lui, au petit matin. Les références historiques et sociologiques manquent pour se convaincre, sérieusement, qu'hier était plus apaisé qu'aujourd'hui. Ceux qui prétendent le contraire sont des bonimenteurs.

Et quid de notre prétendue régression civilisationnelle, dans une société hier colonialiste, qui tolérait les « ratonnades » et qui pénalise aujourd'hui le racisme et les discriminations ? Une société qui opprimait les femmes dans tous les pans de leur vie – y compris les plus intimes – et fait de leur émancipation son horizon explicite. Une société qui, il y a peu, pénalisait l'homosexualité et qui traque aujourd'hui l'homophobie. Une société qui taisait les violences sexuelles – même sur les enfants – et s'en saisit en en découvrant, de rapports publics en rapports publics, l'ampleur et l'horreur. Ô combien révélatrice est « l'affaire Depardieu »: une société capable de se regarder dans le miroir et de condamner ce qu'hier encore elle vénérait. Un système de valeurs n'est pas figé dans le temps: cette simple énumération permet de rappeler combien le nôtre a pu, rien qu'au cours des dernières décennies, évoluer vers davantage de liberté, d'égalité et de fraternité. Les semeurs de haine ont eu besoin de travestir cette réalité pour arriver à leurs fins électorales. Alors recul de la civilisation ou approfondissement de cette dernière? Décivilisation ou hypercivilisation?

Attention donc aux concepts trop simples, a fortiori lorsque l'on voit qui s'empresse de les instrumentaliser. C'est bien une autre France que cet exercice a voulu donner à voir, justement au moment où le miroir qui nous est tendu abîme notre propre image, nous détourne de ce que nous sommes, nous entraîne dans un récit qui n'est pas le nôtre. Non pas celui d'une société en voie d'effondrement moral, de décadence, de décomposition, mais, plus simplement et vraisemblablement, en voie de recomposition. Une société capable d'autocritique et de remise en question, qui élargit en permanence le champ des problèmes qu'elle se soumet à elle-même, des défis qu'elle se donne, des progrès qu'elle façonne. Choix courageux : une société qui doute de tout doute aussi d'elle-même et de sa capacité à se hisser au niveau de l'idéal qu'elle s'assigne. Et si nous reprenions confiance en nous-mêmes ?

La sociologie comme l'histoire raffolent de monographies : ce travail d'immersion dans une communauté humaine, géographique, économique ou culturelle, à un instant donné, afin d'en saisir les dynamiques, les lignes de force, les schémas d'organisation et de représentation. Ainsi de Pierre Bourdieu parti dans des villages de Kabylie ou d'Alain Touraine au milieu des usines Renault comme de Georges Duby à la rencontre des paysans du Mâconnais médiéval.

Avec la déférence qu'imposent de telles références, *La France à 20 heures* propose, plus modestement, une coupe synchronique de notre pays pour en éclairer les grandes – et les moins grandes – transformations. Une visite en piqué et en simultané, dans dix lieux ou environnements différents, à travers ce que chacun d'entre eux dit de nous et de notre époque.

Mais pourquoi à 20 heures ?

Non parce que nous serions lève-tard ou l'aurions choisi au hasard. Parce que 20 heures est une heure de rituels, ceux d'hier et ceux d'aujourd'hui. L'heure du journal télévisé, de la météo ou du loto. L'heure du dîner ou l'heure de la démocratie et de ses résultats électoraux. L'heure de sortir ou l'heure de rentrer. L'heure de se retrouver, en couple, en famille, entre amis ou en solo. L'heure de déprimer ou de se réjouir. L'heure du bain ou l'heure du loup.

L'heure des applaudissements aussi, pas choisie au hasard, au temps d'un confinement qui nous isolait les uns des autres tout en traduisant notre besoin de reconnaissance et de communion, même à distance. Oui, 20 heures ou l'heure d'être ensemble. Pour mettre à jour ces nouveaux rituels et ces nouveaux communs qui font le ciment d'une société. Bien davantage encline à se réinventer qu'à succomber à l'effondrement qui lui est, régulièrement, promis. Non pas une société qui se meurt mais bel et bien une société qui vit. La brutalisation du débat public et l'extrême droitisation de l'opinion ne constituent pas notre horizon indépassable.

Il est 19 h 55 : servez-vous un verre, quelques tranches de saucisson – ou des olives ? –, et installez-vous tranquillement. Bonne lecture et bienvenue en France.

Il est 20 heures, l'heure d'être chez soi

L'heure où la France décompresse

Jean-Daniel Lévy[1]

Le Français des champs rentre chez lui en moyenne à 18h12 et le Français des villes à 18h43. Résultat, à 20 heures, l'un et l'autre ont déjà fini de dîner.

À 20 heures, toute la France dîne-t-elle en regardant religieusement le journal télévisé ? D'instinct, nous savons que non. Même si le « JT » est et reste la référence en matière d'information[2], la multiplication des canaux de diffusion, l'émiettement des activités professionnelles et un nouveau rapport à l'alimentation en général et au temps du repas en particulier pourraient laisser voir

1. Jean-Daniel Lévy est directeur délégué de l'institut Harris Interactive.
2. Près de 8 millions de Français regardent le journal de 20 heures sur TF1 ou France 2.

qu'il n'existe pas « une » France à 20 heures, mais plusieurs qui cohabiteraient. La réalité est pourtant plus nuancée.

À 20 heures, la France est chez elle. À cette heure-là, les Français sont très souvent à leur domicile – une courte majorité de Français (56 %) dit passer de temps en temps un soir de la semaine à l'extérieur, soit 44 % de Français qui, à l'inverse, ne sortent donc jamais en semaine – et ils y sont même depuis un moment (pas loin de deux heures). En effet, les Français déclarent rentrer chez eux, en moyenne, à 18 h 12. Sans surprise, les habitants de l'agglomération parisienne, tout comme les cadres, rejoignent plus tardivement que les provinciaux et les employés leurs pénates. Mais de peu. 18 h 12 en moyenne pour les résidents des zones rurales, 18 h 43 pour les habitants de Paris et ses environs. 18 h 04 pour les employés, 18 h 41 du côté des cadres. Nous pourrions à l'envi égrainer des horaires, nous serions en peine de pouvoir illustrer le propos de fractures profondes fondées sur des désynchronisations marquées.

20 heures, l'heure du dîner ? Plutôt de la fin du dîner. En effet, sur les 1 041 personnes interrogées par Harris Interactive

pour Cetelem[1], une seule affirme se mettre les pieds sous la table en arrivant à son domicile. Cette personne, manifestement pressée, déclare arriver chez elle à 20 heures et se restaurer immédiatement. En réalité, seulement un Français sur cinq (21 %) indique dîner à 20 heures précises. En moyenne, c'est plutôt à 19 h 20 que l'on entame son dernier repas de la journée. On le prend chez soi (c'est le cas de 97 % des Français) ainsi qu'en compagnie. Hormis les jeunes, les deux tiers des personnes interrogées ne dînent pas seules. Ce repas constitue donc une évidence, une habitude et un rituel pour près de huit de nos concitoyens sur dix (79 % indiquent dîner systématiquement), y compris parmi les plus jeunes (74 % des moins de 25 ans). La France des actifs comme des inactifs, la France rurale comme urbaine, la France de gauche comme de droite : tous passent à table le soir. Mieux, ils apprécient ce moment, 79 % des Français allant même jusqu'à affirmer que c'est important à leurs yeux de prendre du temps pour leur dîner et que « rien ne pourrait le leur faire manquer ». Même si échappent, partiellement, à cette forme d'unanimité

1. « Les zooms de l'Observatoire Cetelem. 24 heures dans la vie des Français. Les Français à 20 heures », Harris Interactive, 21 décembre 2023.

comportementale les plus jeunes comme les habitants de Paris et de la petite couronne, dans toutes les catégories de population, bien plus de la moitié des Français affirment accorder de l'importance à ce moment.

À 20 heures, la tradition a du bon. Lorsqu'on ne vit pas seul, le dîner à plusieurs reste une tradition respectée. C'est le cas pour 86 % des Français concernés. Qui plus est, loin des clichés, il n'est, dans l'ensemble, pas difficile de rassembler tout le monde pour dîner au même moment, un rituel auquel même les moins de 25 ans affirment être attachés. Et alors même que l'on aurait pu s'attendre à ce que les parents en âge d'avoir des adolescents ou de jeunes adultes au domicile se trouvent être les plus en difficulté à pouvoir rassembler tout le monde autour de la tablée, seul un peu moins d'un tiers sont confrontés à cette situation.

À 20 heures, dîner, c'est partager. Plus des trois-quarts n'ont pas les yeux rivés vers leurs assiettes, mais profitent du dîner pour parler et échanger. Le repas reste donc un vrai moment de sociabilité. En effet, à peine un quart regarde en même temps systématiquement un programme sur un écran (même si cette pratique est plus développée dans les zones rurales) et 28 % mettent de côté leur téléphone portable au cours de ce moment (un peu moins pour ce qui concerne les jeunes comme on peut s'en douter).

20 heures, l'heure de la décompression. À peine plus d'un jeune sur deux (58 %, soit une proportion contre-intuitivement faible) déclare avoir à 20 heures encore de l'énergie. Passée cette tranche d'âge, la proportion de personnes interrogées se considérant comme épuisées par leur journée est encore plus importante. Remarquons par ailleurs que les femmes sont plus « rincées » que les hommes (35 % indiquent « avoir la forme » contre 53 % de ces derniers). Sans doute faut-il y voir le signe d'une répartition encore inégale des tâches, car, à 20 heures, certains ou plutôt certaines se sont chargées, en plus de leur journée de travail, de faire les courses et l'ensemble des tâches ménagères[1]. Après 20 heures vient donc enfin le temps de regarder un écran, de lire, voire de ne rien faire.

L'attachement « au » 20h. En France, il est possible d'être attaché à certaines institutions sans pour autant y être directement confronté. Ainsi en est-il du journal de 20h. Même si nous ne sommes plus dans les années 1970 (on estime que

1. À ce titre, on se couche en moyenne en France à 22 h 44. Plus tard (mais pas bien plus) lorsque l'on est jeune (23 h 09).

jusqu'à 70 % ou plus de la population regardait alors régulièrement le journal télévisé de 20 heures, moyen pour les Français de se tenir informés de l'actualité), les deux tiers des Français affirment qu'ils y sont attachés et qu'ils n'aimeraient pas qu'il disparaisse (même une légère majorité de jeunes le déclarent). D'ailleurs, encore près de la moitié des Français (44 %) indiquent continuer de regarder un journal télévisé en direct, à l'heure de sa diffusion. Les chaînes d'information en continu ou les réseaux sociaux n'ont donc pas – totalement – remplacé ce rendez-vous, ni dans les faits, ni, encore moins, dans les représentations. Si l'on doit observer plusieurs France, c'est là que les clivages sont les plus nets : un quart des moins de 25 ans regarde un journal télévisé (en direct ou en différé) contre les deux tiers des personnes âgées de 65 ans et plus.

Trois heures moins le quart avant Morphée. Commencée légèrement avant 20 heures, la soirée se terminera légèrement avant 23 heures : en semaine, les Français déclarent s'endormir en moyenne à 22 h 44. Surprise, les couche-tard et les couche-tôt ne composent pas deux France irréconciliables puisqu'une demi-heure environ, seulement, les distingue : les bonnets de nuit éteindront les feux à 22 h 31 – ce sont les 35-49 ans, qui se préparent à une nouvelle journée de travail – tandis que les plus noctambules – les 18-24 ans – garderont les yeux ouverts jusqu'à 23 h 09. Un seul fuseau horaire donc : si nous n'avons pas tous les mêmes vies, leur désynchronisation n'est assurément pas la règle.

La France reste un vieux pays et semble s'en enorgueillir, voire le revendiquer. L'éclatement des cellules familiales, la digitalisation des relations sociales, le développement – ne l'oublions pas uniquement dans les grandes communes urbaines – de la livraison à domicile, les espaces de loisir et de culture n'ont pas mis fin au sacro-saint « métro/boulot/dodo » que l'on pourrait actualiser en « métro/boulot/repas/écrans/dodo ». On passe du temps à table, ensemble, à discuter, à partager un moment, un repas, du plaisir, le récit de sa journée. Le dîner est d'ailleurs le repas le plus long pour une majorité de Français, mais aussi – les conseils comportementaux sont entendus – le plus léger de la journée. Comme quoi, les Français peuvent être dans la reproduction de conduites sociales tout en modifiant leurs habitudes au regard des conduites sociétales. Le changement dans une certaine forme de continuité, en somme.

Il est 20 heures
dans la chambre de Nathan, 14 ans

La jeunesse à l'heure des réseaux

Emmanuel Durand[1]

À cause des écrans et du numérique en général, nos ados seraient devenus stupides, proches de la maladie mentale, et addicts. Attention aux préjugés.

Il se passe des choses très intéressantes dans la chambre de Nathan. À 19 h 57, l'adolescent, qui fêtera ses 14 ans cette année, finit de se connecter simultanément au serveur Roblox de son jeu en ligne et au salon Discord reliant en *chat* vocal tous les participants de son équipe à ce jeu. Nathan[2] fait

1. Emmanuel Durand est expert de l'innovation et du numérique. Il a dirigé le bureau français de Snapchat.
2. Nathan et ses 7 032 homonymes portent le prénom le plus répandu parmi les naissances de l'année 2010.

donc partie du millésime 2010 de la génération Alpha. Si le souvenir de la campagne de harcèlement qui avait ciblé les « 2010 » lors de leur entrée en sixième s'est effacé, Nathan a conservé un rapport ambivalent aux nouveaux réseaux numériques : malgré le harcèlement dont il a été la cible sur ces plateformes, c'est aussi par eux qu'il a connu ses amis les plus proches (bien qu'il ne les ait jamais rencontrés). Les dynamiques de la cour de récré sont toujours les mêmes, donc, mais ses frontières se sont considérablement étendues.

My generation

Commençons en préambule par questionner cette notion de « génération ». Que des cohortes d'individus se retrouvent agrégées en segments de population en fonction de leur année de naissance est un « concept dont l'usage est spontané mais la définition ardue[1] ». Une génération, dont le phonème « gén- » résonne dans l'imaginaire collectif comme un cousin de la génétique et ses dérives déterministes, est un groupe qui nous est attribué à la naissance, à l'inverse de

1. Michel Winock, dans un numéro de la revue *Vingtième siècle* (1989) spécialement consacré à la question des générations en histoire.

ceux que l'on se choisit : famille, collègues de travail, amis, etc. et que l'on ne peut donc quitter. Cette cartographie nous attribue ensuite un corpus de traits et qualités censés nous définir, stéréotypes à la portée parfois autoréalisatrice, comme l'étiquette « *digital natives* » censée conférer à leurs porteurs une connaissance innée des arcanes numériques ; et qui, concernant les jeunes, décrit le plus souvent un affaissement civilisationnel : « Ça pourrait même être ça, l'explication de l'incroyable succès heuristique du concept de génération : une modernisation du mythe de la décadence[1]. » Le procès n'est pas nouveau, comme le pointe avec humour un article de *Slate*[2] : « L'attitude émanant de la part des jeunes ne peut être décrite que comme irréfléchie, grossière et purement égoïste, comme jamais auparavant », décrivait par exemple le *Daily Mail* en 1925, à la suite d'une longue lignée d'aînés consternés par la décrépitude navrante de la génération qui leur succède.

1. Aurélien Bellanger, France Inter, 28 décembre 2020.

2. Aurélie Rodrigues, « Vous n'aimez pas les jeunes ? C'est normal. Ça fait 2500 ans qu'on les critique », *Slate*, 30 avril 2018.

Le concept surgit donc régulièrement tel un refrain persistant, cherchant à saisir l'essence même des époques à travers ses jeunes vigoureux. Baby-boomers, millennials, génération Z…, autant de dénominations prétendument capables de dépeindre des ensembles homogènes, liés par des traits et des expériences partagées. Pourtant, cette quête de catégorisation pourrait bien s'avérer être une illusion, un reflet trompeur dans notre compréhension du tissu social. Karl Mannheim[1], avec sa dissection du problème des générations en 1928, nous met en garde contre une simplification excessive, envisageant la génération non comme une entité monolithique, mais plutôt comme une constellation d'individus naviguant dans un espace-temps partagé, mais vécu de manière hétérogène.

---

1. Pour Jean-François Pontégnie pourtant, Karl Mannheim, qui s'inscrit dans « une démarche plus sociologique en recherchant les processus sociaux et les interactions sociales qui structurent la succession des générations » établit un lien « entre la théorie du changement social et le concept de génération […] grâce [au] "nouvel accès à la culture" […] qui émane principalement de la jeunesse » à laquelle il est le premier « à avoir donné une importance primordiale » (voir Jean-François Pontégnie, « "Génération", un concept toujours-déjà périmé », PAC, 2021).

La notion de génération doit donc être repensée. La Gen Z n'est pas une masse uniforme, mais plutôt un réseau complexe de trajectoires individuelles, de créativités bourgeonnantes, unies et divisées par des expériences partagées, mais profondément personnelles. « Il y a du discontinu dans cette génération, il y a une reconfiguration permanente et en continu, aussi bien sur les plateformes sur lesquelles elles interagissent, ou bien sur les réseaux sociaux. C'est aussi une génération qui ne sépare pas le physique du digital[1]. » Les stéréotypes s'estompent, les catégories s'entremêlent et de cette confusion émerge une compréhension renouvelée, plus riche et nuancée.

Les dosés de l'écran

Nous sommes donc désormais d'accord sur le fait que « les jeunes », en tant qu'entité homogène, est un concept discutable, à tout le moins. Poussons notre avantage et questionnons maintenant ce terme fourre-tout d'« écrans », sur lesquels les critiques s'abattent souvent indistinctement, assimilant jeux

1. La sociologue Elisabeth Soulié au micro de France Inter dans l'émission « Zoom Zoom Zen, La Gen Z, qui sont-ils vraiment ? », 1er février 2023.

vidéo, applications éducatives et réseaux sociaux sous une même bannière problématique. L'immense majorité des prises de parole sur le sujet développe la pensée d'un numérique nécessairement néfaste pour les jeunes, tour à tour catalogués « poissons rouges[1] » ou « crétins digitaux » : « On est en train de fabriquer une génération perdue, qui aura le choix entre l'obésité, l'addiction et toutes sortes de troubles émotionnels et cognitifs[2]. »

Une méta-étude récente[3] vient pourtant remettre en cause cette assertion définitive : elle explore l'évolution des capacités d'attention sur plusieurs générations, s'inscrivant dans le cadre de l'effet Flynn qui décrit l'augmentation des scores de QI au fil du temps. Les chercheurs se sont demandé si, à l'instar de l'intelligence, l'attention avait

---

1. Bruno Patino, *La civilisation du poisson rouge. Petit traité sur le marché de l'attention*, Paris, Grasset, 2019.
2. Michel Desmurget, *La Fabrique du crétin digital. Les dangers des écrans pour nos enfants*, Paris, Seuil, 2019.
3. Denise Andrzejewski, Elisabeth L. Zeilinger, Jakob Pietschnig, « Is there a Flynn effect for attention? Cross-temporal meta-analytical evidence for better test performance (1990–2021) », *Science Direct*, janvier 2024.

également connu des modifications au fil des générations. Pour ce faire, ils ont réalisé une méta-analyse cross-temporelle utilisant des données issues de 287 échantillons indépendants provenant de 32 pays sur une période de 31 ans (1990-2021), centrée sur le « d2 Test of Attention », un outil largement reconnu pour l'évaluation de l'attention.

L'analyse révèle des gains modérés dans les performances de concentration chez les adultes et une stabilité chez les enfants, sans changements notables dans l'efficacité des tests pour aucun groupe d'âge. Il est intéressant de noter une augmentation substantielle des erreurs globales et de la vitesse de traitement chez les enfants, qui suggère une évolution des styles de prise de tests au fil des générations. Pour comprendre ces tendances, les auteurs ont examiné l'influence de divers indicateurs macro-nationaux, tels que le PIB par habitant et l'utilisation d'Internet, sur les performances aux tests. Bien que de faibles effets positifs aient été constatés pour certains indicateurs, ceux-ci ne semblent pas jouer un rôle majeur dans l'explication des tendances observées. Cela met en lumière la complexité des facteurs sous-jacents aux changements intergénérationnels dans les capacités d'attention et souligne la nécessité de poursuivre les recherches pour démêler ces influences.

Que ce soit chez les sociologues, scientifiques, ou dans le champ politique, pourtant, on n'a de cesse de vouloir réglementer et interdire, souvent à contrepied des vrais enjeux. Une telle approche est sans doute satisfaisante sur un plan moral, mais elle manque cruellement de discernement. En réalité, le paysage numérique est d'une diversité telle que toute tentative de le voir sous un seul angle serait non seulement réductrice, mais aussi erronée. Les réseaux sociaux, souvent au cœur des controverses, sont bien évidemment susceptibles de poser des défis spécifiques en matière de santé mentale et de bien-être, comme le soulignent les nombreuses études et actions en justice, notamment aux États-Unis contre des géants tels que Meta ou TikTok.

Cependant, résumer la complexité des interactions jeunesse-écran à la seule dimension des réseaux sociaux serait omettre une partie significative de l'équation. En effet, le numérique offre une pléthore d'outils et de ressources éducatives, qui, employés judicieusement, peuvent enrichir l'expérience d'apprentissage et contribuer positivement au développement cognitif et culturel des jeunes. Des applications dédiées à l'apprentissage des langues, des plateformes proposant des cours en ligne sur une multitude de sujets, des jeux conçus pour stimuler la réflexion critique et la résolution de problèmes : tous ces exemples témoignent du potentiel éducatif et créatif des technologies numériques. L'enjeu est donc de modifier notre perspective, reconnaissant à la fois les risques associés à certains usages des écrans comme le potentiel immense qu'ils recèlent pour l'éducation et l'épanouissement personnel. Cette approche nécessite, il est vrai, une compréhension plus fine des différentes modalités d'interaction avec les écrans, ainsi qu'une appréciation des contenus en fonction de leur valeur ajoutée éducative. Et cet enjeu est d'autant plus crucial que la digitalisation de la société s'accélère, rendant indispensable une réflexion approfondie sur les meilleures pratiques d'encadrement et d'utilisation des écrans par les jeunes. Il semble donc plus efficace de développer des stratégies pédagogiques innovantes qui intègrent les outils numériques de manière constructive, tout en instaurant des garde-fous pour prévenir les effets indésirables de certains contenus et usages.

Face aux ados, les écrans peuvent donc autant être un catalyseur de potentialités éducatives qu'un gouffre de distractions stériles. Cette dichotomie appelle une réflexion critique sur la manière dont ces outils sont intégrés dans le quotidien des jeunes. Le « scrolling » incessant sur les réseaux sociaux, souvent décrié, voire diabolisé, peut paradoxalement receler parfois une dimension sélective et intentionnelle. Les jeunes sont loin d'être de simples consommateurs passifs : certains d'entre eux façonnent activement leur environnement numérique pour répondre à leurs intérêts variés. Et ils ne sont pas les premiers à le faire : dès les années 1980, Michel de Certeau, dans l'ouvrage collectif *L'invention du quotidien*[1], remet en question la distinction conventionnelle entre l'écriture et la lecture. Il présente la lecture non pas comme une consommation passive de textes, mais comme une pratique créative, où le lecteur « braconne » à travers les textes, leur donnant un sens personnel et unique, souvent en marge ou en contradiction avec les interprétations académiques établies. Cette approche met en lumière la capacité des lecteurs ordinaires à s'approprier et à réinterpréter les œuvres littéraires, soulignant ainsi la nature dynamique et participative de la lecture dans la construction du sens

1. *L'invention du quotidien*, tome 1. *Arts de faire*, Paris, Gallimard, coll. « Folio Essais », n° 146, 1990 (nouvelle édition, établie et présentée par Luce Giard).

culturel. Cette démarche nouvelle de curation de contenu dans le monde numérique, bien qu'elle puisse sembler superficielle, est finalement un exercice comparable d'autonomie et de personnalisation qui contribue à l'affirmation de soi et à la construction identitaire.

Plus encore, une étude[1] récente a vocation à nous consoler de la baisse – réelle – des activités de lecture chez les adolescents : elle révèle que la technologie a profondément transformé les pratiques d'écriture des adolescents. Notamment, 92 % des jeunes interrogés ont déclaré écrire, de manière occasionnelle ou quasi quotidienne. Loin de décliner, l'engagement écrit des adolescents est donc foisonnant, souvent encouragé par la facilité d'accès et les innovations technologiques. Les adolescents utilisent les technologies non seulement pour communiquer, mais aussi pour créer et partager des contenus originaux – fanfictions ou poèmes, par exemple – sur diverses plateformes en ligne. L'écriture participe ainsi d'une forme de socialisation, qui leur permet de construire

---

1. Christine Mongenot et Anne Cordier, « Les adolescents et leurs pratiques d'écriture au XXIe siècle : nouveaux pouvoirs de l'écriture ? », INJEP, Rapport d'étude, 2023.

leur identité dans un espace virtuel où ils interagissent activement avec leur communauté.

En parallèle, les plateformes vidéo, au premier rang desquelles se trouve YouTube, se révèlent être de puissants espaces d'apprentissage autodidacte, où les adolescents puisent dans une diversité de contenus éducatifs. Cette utilisation démontre une capacité à tirer parti des ressources numériques pour compléter, voire remettre en question, les connaissances acquises dans le cadre scolaire traditionnel. Cette richesse d'informations s'accompagne cependant d'un défi majeur : le discernement. La capacité à évaluer la crédibilité et la pertinence des sources d'information devient une compétence clé dans un environnement saturé de contenus hétérogènes.

Si l'on regarde maintenant le sujet connexe des jeux vidéo, de leur impact sur l'agressivité, l'accusation péremptoire « Les jeux vidéo rendent les jeunes violents » est de plus en plus questionnée[1]. Si des joueurs de jeux vidéo violents montrent effectivement des niveaux d'agressivité verbale supérieurs,

1. Szymon Zbigniew Olejarnik et Daniela Romano, « Is playing violent video games a risk factor for aggressive behaviour? Adding narcissism, self-esteem and PEGI ratings to the debate », *Frontiers of Psychology*, 5 juillet 2023.

cette relation n'implique pas pour autant une causalité directe. Les traits de personnalité, comme le narcissisme ou une faible estime de soi, semblent être déterminants dans les choix de jeux, conduisant à des comportements potentiellement plus agressifs. Cette constatation soulève une question fondamentale : les activités numériques sont-elles le simple miroir de dispositions personnelles préexistantes, ou contribuent-elles activement à modeler ces comportements ? Il est clair que cette complexité est infiniment moins satisfaisante que la possibilité de pointer un coupable idéal, condamnation moralement imparable.

Quant à l'utilisation – si problématique – des smartphones pour les devoirs, elle souligne l'intégration inévitable du numérique dans l'apprentissage. Cette tendance, si elle est porteuse de possibilités d'innovation pédagogique, interpelle malgré tout sur la nécessité d'accompagner les jeunes dans la gestion de leur attention et dans le développement de stratégies d'étude efficaces à l'ère du multitâche.

En définitive, l'analyse des usages des écrans chez les adolescents met en lumière une ambivalence fondamentale : ces outils peuvent à la fois enrichir autant qu'éroder le capital intellectuel et social des jeunes. Face à cette réalité complexe, la question n'est pas de condamner ou de glorifier les écrans, mais plutôt de comprendre comment naviguer dans cet écosystème numérique de manière à maximiser ses bénéfices tout en évitant ses pièges. Cela appelle à une approche éducative et sociétale réfléchie, qui équipera les jeunes des compétences critiques nécessaires pour faire de leurs interactions numériques une source d'enrichissement plutôt qu'un vecteur d'appauvrissement.

Famille je vous aime

Une étude récente[1] sur l'exposition des jeunes enfants aux écrans ouvre un nouveau chapitre dans le débat sur l'impact de la technologie sur le développement infantile. L'étude remet en cause de façon surprenante la vision simpliste d'une corrélation directe entre temps d'écran et développement cognitif. Elle révèle ainsi que lorsque les facteurs familiaux et les activités alternatives sont pris en compte, l'effet négatif perçu de l'exposition aux écrans diminue sensiblement. Ce constat questionne

1. Shuai Yang, Mélèa Saïd, Hugo Peyre, Franck Ramus, Marion Taine, Evelyn C. Law, Marie-Noëlle Dufourg, Barbara Heude, Marie-Aline Charles, Jonathan Y. Bernard, « Associations of screen use with cognitive development in early childhood: the ELFE birth cohort », *The Journal of Child Psychology and Psychiatry*, 29 août 2023.

notre manière de structurer l'environnement quotidien des enfants, en rappelant s'il en est besoin l'importance d'activités diversifiées, telles que la lecture, les jeux physiques et les interactions sociales directes.

Cette recherche souligne un point essentiel et souvent rarement identifié : l'impact des écrans ne se mesure pas uniquement en minutes ou en heures. La qualité des interactions familiales, les activités concurrentes et le contexte global de l'environnement domestique sont des variables d'influence majeure. En d'autres termes, un enfant immergé dans un environnement riche en stimulations intellectuelles et sociales pourrait naviguer dans l'espace numérique sans subir les mêmes répercussions qu'un enfant dont l'exposition aux écrans se fait au détriment d'interactions enrichissantes. La fameuse fracture numérique qui décrit les inégalités d'accès au réseau s'enrichit ici d'une dimension nouvelle d'inégalité d'usage.

Le moment des repas familiaux est de ce point de vue particulièrement révélateur. La présence de la télévision, qui détourne l'attention des échanges verbaux, est par exemple corrélée à un développement cognitif moindre. Cela suggère que les distractions numériques peuvent entraver la capacité des enfants à absorber et à traiter les informations linguistiques, cruciales à cet âge pour le développement du langage. Il ne s'agit donc pas tant de diaboliser la technologie que de reconnaître son omniprésence, et de travailler à intégrer des pratiques numériques saines dans un cadre familial équilibré ; c'est-à-dire un lieu où les interactions humaines et les activités non numériques conserveront une place prépondérante.

La complexité des interactions entre les jeunes enfants et les écrans rappelle en définitive l'importance d'une approche holistique qui prend en compte, non seulement la quantité, mais aussi la qualité du temps passé devant les écrans – et peut-être surtout loin d'eux ! Il est d'autant plus urgent de développer des stratégies éducatives et parentales qui favorisent un développement sain à l'ère du numérique, en réaffirmant notamment la valeur irremplaçable des interactions humaines dans le développement cognitif et social des enfants.

Bonsoir tristesse

Nos contemporains vont mal. Plus spécifiquement, leur santé mentale se dégrade depuis des années. Le phénomène est amplement documenté et les statistiques pointent toutes dans la même direction. L'ombre de la pandémie a révélé une réalité alarmante : les pensées suicidaires et les tentatives de suicide chez les jeunes adultes ont grimpé en flèche, doublant depuis 2014 pour atteindre un pic préoccupant de 7,2 % en 2021 (alors que le chiffre restait stable pour les autres générations). 13 millions de Français sont touchés chaque année par un trouble psychique. 64 % déclarent avoir déjà ressenti un trouble ou une souffrance psychique, et ce chiffre monte jusqu'à 75 % chez les moins de 35 ans, d'après la 5e édition de l'Observatoire Place de la santé de la Mutualité française. Selon Santé publique France, 17 % des hommes et 25 % des femmes souffrent de « troubles anxieux ». 34 % des Français seraient en burn-out, dont 13 % de façon « sévère » (soit 2,5 millions de personnes). Avec 9 000 décès par suicide par an, la France connaît l'un des taux de suicide les plus élevés d'Europe. Le constat est encore plus saisissant chez les jeunes : 40 % des 18-24 ans souffrent de troubles de l'anxiété généralisée[1]. 900 000 personnes (surtout des jeunes, surtout des filles) sont atteintes de troubles des conduites alimentaires (TCA) : anorexie, hyperphagie, boulimie.

1. Étude Ipsos et la Fondation Fonda Mental, 2021.

Ce qui est positif, en revanche, c'est à quel point ce sujet est devenu mainstream. Un petit tour sur les réseaux sociaux confirme la tendance. « Bonjour anxiété », « Paye ta psychophobie », « Dose de psy », « Les folies passagères »… Les comptes consacrés aux troubles psychiques, cumulant des dizaines de milliers d'abonnés, se multiplient », écrit *Le Monde* en mars 2024. Aux avant-postes de cette déconstruction des tabous, la jeunesse s'empare souvent avec courage du discours sur la santé mentale, brisant par exemple le silence autour du suicide. Des initiatives pionnières, telles que Sentinelles étudiantes, épaulées par Nightline France, ouvrent une nouvelle ère où les stigmates s'estompent, permettant aux étudiants de devenir des soutiens pour leurs pairs.

Avec cette libération de la parole arrive d'ailleurs souvent en corollaire la même question que concernant le mouvement MeToo : y a-t-il vraiment une inflation des problèmes, ou ceux-ci étaient-ils sous-reportés précédemment ? Dans ce tumulte des débats sur l'impact des réseaux sur la jeunesse, une réalité émerge malgré tout avec force : la corrélation inquiétante entre l'utilisation accrue des médias sociaux et l'augmentation des taux de dépression chez les adolescents, et surtout les filles. Certaines études randomisées pointent vers une même conclusion :

réduire l'exposition aux réseaux sociaux améliore significativement le bien-être mental, dessinant un lien direct entre notre diète numérique et notre santé psychologique.

Des expériences contrôlées limitant l'usage de Facebook révèlent une amélioration notable de l'humeur et une réduction de l'anxiété chez les participants. Ces résultats, loin d'être isolés, s'inscrivent dans une tendance plus large, confirmée par des recherches à l'échelle internationale. De l'Australie au Canada, en passant par l'Europe, le même schéma se répète : l'essor des smartphones et des plateformes sociales coïncide avec une détérioration du bien-être chez les jeunes. Et pourtant, toutes les applications de réseaux sociaux que nous utilisons sont conçues de manière consciente pour que nous passions plus de temps dessus. Elles collectent les données des utilisateurs sur les sujets qu'ils aiment, suivent, recherchent, auxquels ils s'abonnent, qu'ils achètent... Sur la base de ces données, elles nous fournissent ensuite des informations selon nos goûts, dans un processus de captation de l'attention diaboliquement efficace.

La France n'est pas épargnée par cette vague. Bien que l'Hexagone possède ses propres dynamiques culturelles, les adolescents français ne semblent pas immunisés contre ce phénomène global. La question alors se pose : sommes-nous face à un malaise propre à notre époque, amplifié par l'omniprésence du numérique dans nos vies ? Les données transnationales penchent en faveur de cette hypothèse, suggérant une influence profonde et peut-être néfaste de ces nouvelles formes de communication sur la psyché en développement de nos jeunes.

L'examen de cette question nous amène à une réflexion plus large sur le rôle des écrans dans notre société. Si les avantages de la connectivité et de l'accès à l'information sont indéniables, les coûts cachés commencent à se dévoiler. La baisse des interactions face à face, le remplacement des expériences directes par des interactions virtuelles semblent avoir un coût émotionnel et psychologique non négligeable. Les études citées montrent une diminution des rencontres sociales, remplacées par des heures passées en ligne, parfois au détriment du bien-être.

Alors que les préoccupations concernant l'impact des écrans sur les jeunes esprits se multiplient, une lecture plus approfondie de la littérature scientifique suggère cependant une tendance médiatique à l'alarmisme[1],

1. Et la science donne raison aux médias sur cette stratégie : Une récente étude a mesuré

contrastant avec une réalité peut-être plus nuancée révélée par les recherches académiques. Anne Cordier et Séverine Erhel, à la tête d'une publication collective intitulée *Les enfants et les écrans*[1], mettent en lumière cette divergence, soulignant une « panique morale[2] » autour du numérique et des jeux vidéo qui ne se reflète pas dans les conclusions des études scientifiques. Leur travail révèle que si certains aspects des technologies numériques peuvent poser problème, notamment en matière de multitâche et de distraction lors des tâches académiques, d'autres utilisations – notamment

l'impact de la négativité dans les titres des articles sur le web : +2,3 % de clicks supplémentaires pour chaque mot négatif, par opposition à une baisse de 0,8 % de cette conversion pour chaque mot positif... Claire E. Robertson, Nicolas Pröllochs, Kaoru Schwarzenegger, Philip Pärnamets, Jay J. Van Bavel et Stefan Feuerriegel, « Negativity drives online news consumption », *Nature Human Behaviour*, 16 mars 2023.

1. Anne Cordier et Séverine Erhel (dir.), *Les enfants et les écrans*, Paris, Retz, 2023.

2. La première occurrence d'une panique morale remonte aux années 1800 : le roman de Goethe, *Les souffrances du Jeune Werther*, fut alors accusé de nourrir une flambée de suicides dus à la « fièvre de lecture » qu'il avait initiée...

éducatives – des écrans peuvent s'avérer bénéfiques. Bien que l'addiction à Internet et aux smartphones soit un sujet de préoccupation légitime pour une fraction des utilisateurs, les récits médiatiques tendent à généraliser ce problème, créant une inquiétude démesurée.

La consommation de médias numériques doit aussi être mise en perspective avec d'autres formes de consommation médiatique, comme la télévision et la radio, qui occupent également une part significative du temps des individus sans pour autant susciter une alarme sociale comparable[1]. L'intérêt médiatique pour les « addictions aux nouveaux médias » relève donc peut-être davantage d'une fascination pour le changement culturel et comportemental induit par le numérique, notamment chez les jeunes, plutôt que d'une évaluation objective des risques.

---

1. Plus précisément, cette panique morale a toujours accompagné le déploiement de ces nouvelles pratiques culturelles dans la société, que ce soit le cinéma, la radio, la télévision ou même la lecture. On peut autant y voir l'incapacité de certains à maîtriser la séduction d'un nouvel usage que la réaction excessive des nostalgiques d'un monde confronté au changement.

Cette « panique morale » est exacerbée dans l'ouvrage *The anxious generation*[1]. Son auteur, Jonathan Haidt, tisse un récit très convaincant et alarmant concernant l'impact des technologies numériques sur le développement des enfants, suggérant un « grand recâblage » de leurs cerveaux par un flot de contenus addictifs. Cependant, cette perspective effrayante ne trouve pas vraiment d'ancrage dans les données scientifiques actuelles, qui révèlent des associations plutôt faibles, mixtes ou inexistantes entre l'utilisation des médias sociaux et les problèmes de santé mentale chez les jeunes.

Publié à la même époque, l'ouvrage *Unlocked: The Real Science of Screen Time (and How to Spend It Better)*[2] adopte ainsi une approche plus prudente sur l'impact des écrans, contrastant avec les recommandations fermes de Jonathan Haidt (qui préconise des restrictions sévères sur l'utilisation des réseaux sociaux et des écrans par les jeunes). L'ouvrage insiste sur la nécessité

1. Jonathan Haidt, *The anxious generation: How the great rewiring of childhood is causing an epidemic of mental illness*, Londres, Allen Lane, 2024.
2. Pete Etchells, « Unlocked: The Real Science of Screen Time (and How to Spend It Better) », *Piatkus*, 21 mars 2024.

d'une recherche plus approfondie et de meilleure qualité pour démêler les effets complexes du temps passé devant les écrans sur la santé mentale, le sommeil et d'autres aspects du bien-être, mettant en lumière les défis méthodologiques inhérents à ces études.

Il pointe particulièrement les conclusions parfois contradictoires tirées de la même base de données scientifiques, illustrant la complexité de l'analyse des impacts des écrans. Par exemple, une étude de l'université d'Oxford a révélé un impact négatif minime des écrans sur le bien-être des adolescents, tandis qu'une analyse ultérieure menée par Haidt et Twenge a identifié un effet négatif significatif des médias sociaux, en particulier sur les filles. On peut donc penser que ces différences résultent de méthodologies divergentes – voire de biais cognitifs – et contribuent à l'ambiguïté des recherches existantes sur le sujet. En partageant ses propres expériences, l'auteur offre une perspective nuancée sur le débat entourant les écrans, suggérant que leur rôle dans nos vies n'est pas uniquement négatif. Il évoque notamment la façon dont les jeux vidéo l'ont aidé à surmonter le deuil de son père, ou les effets bénéfiques de son blog sur LiveJournal, qui lui a permis d'exprimer ses sentiments et chercher du soutien durant son adolescence. On retrouve ici illustrée la complexité de la relation de cause à effet souvent supposée entre l'usage des écrans et des problèmes, tels que la dépression ou l'insomnie.

Une réflexion plus poussée apparaît donc nécessaire sur notre relation avec les écrans, en contraste avec l'approche radicale et univoque de certains. Nous devons établir une critique constructive des technologies numériques autant qu'une exploration ouverte des recherches qui remettent en question nos préjugés. Une récente étude publiée dans *Nature Human Behavior*[1] vient illustrer ces doutes. Cette étude « parapluie », synthétisant les résultats de 102 méta-analyses couvrant plus de 19 millions de participants, révèle que les impacts, qu'ils soient bénéfiques ou nuisibles, demeurent globalement « faibles à modérés ». Ainsi, loin de diaboliser systématiquement l'usage des écrans, les chercheurs mettent en évidence des aspects positifs, notamment dans le domaine éducatif où l'utilisation ciblée de la technologie – écrans tactiles, livres électroniques interactifs, réalité augmentée – se révèle être un atout pour l'apprentissage des

1. Taren Sanders, « Weighing the risks and benefits of screen time for children », *Nature Human Behavior*, vol. 8, n° 16-17, 2024.

mathématiques et d'autres compétences scolaires. La quantité de temps passé devant les écrans semble finalement, là encore, moins compter que la qualité de ce temps d'écran ; ce qui est vrai de toutes nos consommations de média, et que nous semblons avoir parfois oublié quand on parle de numérique.

Si la corrélation entre les usages des écrans et la santé mentale semble donc établie, le lien de causalité est, on le voit, autrement complexe. Les écrans semblent en effet souvent jouer un rôle d'accélérateur de troubles antérieurs, effectuant leur prédation sur les individus les plus fragiles du troupeau. Le danger du récit pointant vers les écrans, outre qu'il trouve un écho dans nos peurs par sa simplicité, réside dans la possibilité que cette focalisation détourne l'attention des véritables causes sous-jacentes à la crise actuelle de santé mentale chez les adolescents, parmi lesquelles la violence, la discrimination, la crise économique ou, comme on va le voir, l'isolement social.

Inversion de la solitude

Il est tentant de lier cette augmentation des troubles mentaux à celle, conjointe, de la solitude. Selon une étude quantitative de Viavoice réalisée pour la Fondation Jean-Jaurès, « près de la moitié des Français (46 %) déclarent se sentir « seuls », que ce soit « souvent » (9 %) ou « parfois » (37 %). Ces personnes solitaires sont en priorité des jeunes (18-24 ans : 71 %), des personnes modestes (revenus inférieurs à 1 000 euros : 67 %) et des habitués des réseaux sociaux (utilisateurs quotidiens de cinq réseaux sociaux au moins : 79 %) – comme si les réseaux sociaux, loin de combler les solitudes, constituaient au contraire une réponse, peut-être souvent vaine, à un manque[1] ». Difficile effectivement de ne pas faire le lien avec l'explosion de l'usage des écrans : il a été estimé qu'un Américain passe en moyenne 44 ans de sa vie à les regarder. Et dans le même temps, la durée des interactions des jeunes dans le monde réel est en chute libre : les adolescents américains ont ainsi passé entre 2003 et 2019 près de 400 heures de moins par an avec leurs amis, remplacées par du temps passé seuls devant un écran. On imagine aisément que les Français suivent la même tendance de fond.

Encore une fois se pose la question de la prévalence de ce problème dans les préoccupations des gens : « Les problèmes de

1. Adrien Broche, François Miquet-Marty, Lucia Socias, « De la solitude choisie à la solitude subie. Enquête sur une "sociose" », Fondation Jean-Jaurès, juin 2023.

solitude existaient déjà avant le covid, mais est-ce qu'on y faisait attention ? » questionne Mary Rocco, du Barnard College, qui a étudié les liens d'entraide pendant la pandémie. En d'autres termes, la récente pandémie n'a-t-elle pas au contraire fait ressortir le besoin de liens sociaux, poussant par exemple des initiatives comme la République des Hypers Voisins et leur tablée géante organisée pour changer les interactions de quartier, dans une tentative de « recréer du village en ville » ? C'est un fait que la solitude a rarement été autant étudiée. L'Organisation mondiale de la santé (OMS) mesure ainsi dans un rapport récent que le temps qu'un individu passe en personne avec des amis est passé d'1 heure en 2003 à 20 minutes en 2020.

Dès que l'on creuse un peu pourtant, différents types de solitude émergent : ainsi, dans une enquête d'Ipsos Essential, en 2023, les jeunes ados déclaraient « qu'ils étaient deux fois plus nombreux que les boomers (nés entre 1946 et 1964) à dire passer plus de temps avec leurs amis en ligne qu'en présence, et trois fois plus nombreux à affirmer qu'ils ont plus de chances de se créer des relations en ligne qu'en personne[1] ». Il est intéressant de noter

1. Études citées dans l'article : Cécile Ducourtieux et Guillemette Faure, « L'"épidémie

qu'ici mention n'est pas faite de la disparition du lien social, mais de la multiplication des relations virtuelles ; et nous manquons encore de recul pour en apprécier les inconvénients supposés par rapport à des liens tissés dans la vie réelle[1]. Il pourrait très bien en effet y avoir un biais générationnel dans la perception par les adultes de liens sociaux virtuels entre jeunes considérés comme incomplets, inférieurs à ceux de « la vraie vie », bien que ce ne soit étayé aujourd'hui par aucune étude. Et là encore, le biais déformant des médias nous fait craindre un présent dystopique où nous serions tous en train de migrer vers des ersatz de vies vécues *online* ; mais le réel se rappelle parfois brutalement à ceux qui en

---

de solitude" reconnue comme un problème de santé publique », *Le Monde*, 7 octobre 2023.

1. La pandémie de Covid-19 a permis une analyse in vivo de ce rapport en solitude et écrans. Ainsi l'étude « Physically isolated but socially connected: Psychological adjustment and stress among adolescents during the initial Covid-19 crisis » mesurait en 2020 l'impact de la pandémie sur la santé mentale des adolescents canadiens, notamment des sentiments accrus de solitude et de dépression. Il ressortait que le temps passé en famille tout autant que les interactions virtuelles avec les amis se révélaient être des facteurs atténuant ces effets négatifs.

font le pari : *Horizon World*, la plus grande plateforme de Métavers dont la gestation a été abondamment couverte dans la presse et dans laquelle la maison-mère de Facebook a investi des dizaines de milliards, publiait ainsi en octobre 2022 des chiffres modestes de 200 000 utilisateurs par mois.

Plus surprenant peut-être est ce phénomène grandissant de personnes interagissant avec des intelligences artificielles conçues pour imiter des célébrités ou des personnages de fiction. Sur la plateforme Character.ai, créée par d'anciens ingénieurs de Google, les utilisateurs peuvent mener des conversations avec des *chatbots* qui incarnent diverses personnalités, allant de William Shakespeare à Spiderman, en s'appuyant sur l'intelligence artificielle pour produire des réponses crédibles. Avec plus de 170 millions d'utilisateurs actifs par mois, la plateforme a su capter l'intérêt des internautes, certains partageant même sur des réseaux sociaux comme TikTok leur affection pour ces entités virtuelles, allant jusqu'à évoquer des « relations » avec elles. Certains témoignent y trouver du réconfort, de l'amusement… Doit-on se désoler de cette nouvelle étape dans la virtualisation de nos liens sociaux, ou se féliciter de l'impact positif revendiqué par ses utilisateurs ?

Différencier l'isolement factuel de la solitude ressentie, les situations choisies de celles subies, s'avère une fois encore plus complexe qu'une perception sensationnaliste « d'épidémie de solitude. » Nos « jeunes » incarnent une fois de plus tout le spectre de ces comportements dont il est difficile d'appréhender les contradictions. La solitude choisie peut représenter pour eux un refuge bienvenu, la chambre transformée en camp de base pour se libérer de la contrainte des autres. À l'extrême, ce besoin d'enfouissement les fait transformer leur chambre en un espace de réclusion volontaire, marquée par le désordre et l'obscurité, qui devient un rempart contre les intrusions parentales, en une réplique du Hikikomori[1], vécu par certains comme un choix de vie plutôt qu'un trouble psychiatrique.

Ici encore, il est ardu d'établir de façon définitive les implications de l'utilisation des

1. Le terme « hikikomori » désigne un phénomène social observé principalement au Japon, mais aussi dans d'autres parties du monde, impliquant des individus, généralement des adolescents ou de jeunes adultes, qui se retirent de la société et passent une grande partie, voire la totalité, de leur temps à l'intérieur de leur domicile, évitant les interactions sociales et les activités extérieures pendant des mois, voire des années.

réseaux sociaux sur les compétences sociales et le temps passé avec les amis en personne chez les adolescents. Les données d'une étude[1], recueillies sur cinq vagues biennales auprès d'une cohorte de naissance évaluée de 10 à 18 ans, indiquent de façon contre-intuitive que l'augmentation de l'utilisation des réseaux sociaux prédit un temps « accru » passé avec les amis en personne. L'âge et le sexe n'ont pas modifié ces associations ; une augmentation de l'utilisation des réseaux sociaux accompagnait en revanche une diminution des compétences sociales chez les individus précédemment atteints d'anxiété sociale.

On devine bien ici la complexité de l'impact des réseaux sociaux sur le développement social des adolescents. D'une part, l'utilisation des réseaux sociaux ne pourrait ni nuire ni bénéficier directement au développement des compétences sociales et, d'autre part, elle pourrait favoriser plutôt que remplacer les interactions hors ligne avec les amis pendant l'adolescence. Il en ressort

1. Silje Steinsbekk, Oda Bjørklund, Patti Valkenburg, Jacqueline Nesi, Lars Wichstrøm, « The new social landscape: Relationships among social media use, social skills, and offline friendships from age 10–18 years », *Computers in Human Behavior*, 2024.

donc que, pour la majorité des jeunes, l'utilisation des réseaux sociaux peut soutenir l'interaction hors ligne avec les amis, et donc indirectement promouvoir le bien-être et le fonctionnement des adolescents. Ce point n'est pas valable en revanche pour les jeunes anxieux socialement, chez qui l'utilisation accrue des réseaux sociaux pourrait être préjudiciable à leur développement social.

L'âge de l'adolescence est avant tout marqué par d'importants changements, où le processus d'autonomisation et la relation avec les pairs prennent une place prépondérante qui engendre souvent un sentiment de solitude chez les jeunes. Cette solitude est ensuite exacerbée par des difficultés de socialisation comme le manque d'estime de soi ou la timidité; elle n'est pas seulement liée à une question d'isolement, mais aussi à une quête d'identité et à la pression de s'adapter à des normes sociales complexes dont on ne maîtrise pas encore les codes, ce qui accroît leur vulnérabilité aux problèmes de santé mentale.

Les réseaux sociaux sont sans nul doute la dernière étape des transformations sociales qui ont mené à une augmentation de la solitude. L'historien américain Christopher Lasch critiquait déjà il y a quarante ans l'impact du capitalisme de consommation et de l'individualisme compétitif sur les liens communautaires et les compétences sociales des individus. Lasch mettait en avant l'émergence d'un nouveau type de personnalité narcissique, non pas dans le sens d'un ego surdimensionné, mais plutôt d'un individu en quête incessante d'approbation. La vague de solitude qui submerge nos sociétés a donc été décrite bien avant que la technologie ne vienne amplifier le problème. Celui-ci se dérobe à nouveau à une analyse univoque et simpliste ; un faisceau de facteurs, certains causaux, d'autres aggravants ou juste concomitants, participe à dresser un tableau une fois encore plus nuancé et complexe.

Tous addicts ?

L'« addiction » est un terme qui revient souvent dans le catalogue des inquiétudes liées à l'utilisation du numérique. Son succès tient à l'analogie, aisée à établir, avec la consommation compulsive de substances qui modifient notre état hormonal. Dans son sens clinique, elle désigne un état où l'utilisation répétée d'une substance ou la pratique d'une activité stimule de manière excessive le système de récompense du cerveau, entraînant une dépendance psychologique et parfois physique. Ce système, impliquant des zones cérébrales comme le circuit de la récompense, libère des neurotransmetteurs, tels que la dopamine, favorisant des sensations de plaisir et renforçant ainsi le comportement d'usage ou de pratique pour recréer ces sensations agréables.

Lorsqu'on applique cette définition à l'usage des outils numériques, tels que les réseaux sociaux, les jeux en ligne ou le streaming vidéo, la dynamique est similaire. Ces technologies peuvent induire des comportements compulsifs en offrant des récompenses immédiates – comme les *likes*, les notifications ou les nouveaux contenus – qui activent le système de récompense du cerveau. L'utilisateur peut alors développer une dépendance comportementale, ressentant le besoin constant de se connecter et éprouvant de l'anxiété ou un sentiment de manque en l'absence d'interaction avec ces outils.

En 2022, au sortir de la pandémie, une étude Ipsos/Macif révélait une préoccupation croissante concernant l'addiction aux écrans chez les jeunes Français âgés de 16 à 30 ans, avec près de la moitié déclarant passer plus de six heures par jour devant les écrans. Après deux années marquées par la crise sanitaire, 70 % des jeunes interrogés admettent avoir perdu le contrôle de leur consommation d'écrans au moins une fois au cours de l'année précédente, une augmentation notable par rapport à l'année passée. Selon l'étude, cette addiction entraîne non seulement une perte de la notion du temps et des difficultés à s'endormir, mais aussi un mal-être, des échecs scolaires ou professionnels, ainsi qu'un isolement social.

Plus spécifiquement, les réseaux sociaux sont de plus en plus critiqués pour leur caractère potentiellement addictif, en particulier auprès des jeunes utilisateurs. Des actions légales ont été entreprises aux États-Unis, où Meta, la société mère des réseaux Facebook, WhatsApp et Instagram, a été accusée par les procureurs de 33 États de concevoir des fonctionnalités rendant les enfants et adolescents dépendants, au détriment de leur santé mentale et physique. Parallèlement, le Parlement européen a publié un rapport mettant en garde contre la nature addictive de certains services numériques, exprimant une préoccupation particulière sur les enfants et adolescents, considérés comme plus vulnérables à ces effets. Dernièrement, l'application TikTok s'est retrouvée à nouveau sous le feu de la Commission européenne, pour avoir de manière fort peu opportune lancé sa version TikTok Lite, qui récompense le temps passé sur l'appli par des bons cadeau Amazon.

Les jeunes en France reçoivent en moyenne leur premier smartphone dès l'âge du CE2, ce qui leur donne accès à des plateformes comme Instagram ou TikTok bien avant l'âge minimum requis de 15 ans pour une inscription sans consentement parental. On connaît bien maintenant l'efficacité des mécanismes employés par ces plateformes pour capter l'attention des jeunes, notamment à travers des récompenses aléatoires et des techniques de fidélisation qui encouragent une utilisation prolongée et potentiellement addictive. Les inquiétudes sont donc réelles et légitimes quant à l'impact à long terme sur le développement du cerveau et la santé mentale des jeunes générations.

En première ligne des fonctionnalités addictogènes, on peut citer le caractère aléatoire de la validation que les utilisateurs vont chercher auprès de leurs pairs sur les réseaux sociaux, comme les *likes*. Ce lien a été établi dans des études sur les rats : lorsque les récompenses sont distribuées de manière indéterminée plutôt que de manière prévisible, les rats montrent une augmentation de leur engagement dans des comportements de recherche de récompense. En effet, l'irrégularité des récompenses chez les rongeurs peut entraîner un effet similaire à l'effet des drogues qui augmentent la libération de dopamine, renforçant ainsi la recherche de récompense malgré des conséquences potentiellement négatives. Cela est comparable à la façon dont les utilisateurs des réseaux sociaux peuvent devenir plus engagés ou compulsifs dans leur quête de *likes*, qui sont reçus de manière imprévisible et variable. Cette angoisse de la récompense peut inciter les utilisateurs à poursuivre des comportements qui augmentent leur visibilité et interaction, même en l'absence de gratification constante. De l'autre côté du monde, une étude[1] avait déjà exploré l'impact de l'addiction aux smartphones sur les niveaux d'anxiété. Elle soulignait une augmentation significative de l'anxiété chez les étudiants universitaires égyptiens, en partie attribuée à leur dépendance accrue aux smartphones. Les adolescents souffrant d'addiction aux smartphones présentaient des scores significativement plus élevés d'anxiété, comparativement à ceux sans addiction.

Ces impacts mesurés dans des pays très variés ne semblent pas être liés directement à la classe sociale des adolescents. En

1. Ibeawuchi K. Enwereuzor, Leonard I. Ugwu, Dorothy I. Ugwu, « Role of smartphone addiction in worsening the state-trait anxiety during the Covid-19 pandemic among a sample of Egyptian university students », *Asian Journal of Gambling Issues and Public Health*, 2016.

revanche, d'autres facteurs, tels que la personnalité, le genre, l'impulsivité, la recherche excessive de réassurance, l'extraversion et la dépression ont depuis été identifiés comme jouant un rôle crucial dans l'usage problématique du smartphone et des médias sociaux[1]. En particulier, le rôle de l'empathie et de la satisfaction de vie sont prédominants dans les troubles liés à la consommation d'écrans, indiquant que ces facteurs peuvent moduler la façon dont l'utilisation des smartphones affecte le bien-être individuel. Des traits de personnalité mal adaptatifs, tels que le narcissisme (encore lui), ont également été identifiés comme des facteurs contribuant aux symptômes de dépendance, suggérant que certaines caractéristiques de personnalité peuvent prédisposer les individus à une utilisation problématique des médias sociaux.

Il est intéressant de lier l'émergence de cette addiction avec le déclin d'une autre ; un changement culturel parmi les jeunes générations, particulièrement en France, où

1. Montserrat Peris, Usue de la Barrera, Konstanze Schoeps, Inmaculada Montoya-Castilla, « Psychological risk factors that predict social networking and internet addiction in adolescents », *International Journal of Environmental Research and Public Health*, 26 juin 2020.

une diminution notable de la consommation d'alcool est observée. Malgré la persistance de certaines pratiques comme le *binge drinking*, on note une tendance durable vers une moindre consommation d'alcool chez les jeunes. Cette évolution est attribuée à divers facteurs, notamment une plus grande prise de conscience des enjeux de santé liés à l'alcool, des changements dans les modes de socialisation, mais aussi une interaction croissante via les réseaux sociaux réduisant les occasions de consommation…

L'amour du risque zéro

La dégradation observée de la santé mentale des adolescents, accompagnée d'une augmentation de l'usage des smartphones, trouve donc sa source dans une diversité de causes les ayant rendus plus anxieux au fur et à mesure que leur sociabilisation diminuait. Et si l'inquiétude des parents face aux usages potentiellement problématiques de leur progéniture sur Internet n'était finalement qu'un corollaire d'une surprotection généralisée des parents envers leurs enfants ? Au cours des dernières décennies, en effet, la liberté laissée aux enfants pour jouer et explorer indépendamment autour de leur domicile a connu une diminution significative. En cent ans, la distance parcourue par un enfant seul a incroyablement diminué, de 10 kilomètres pour un enfant de 8 ans en 1919 à moins de 300 mètres en 2007. Pareillement, le nombre d'enfants qui jouent dans l'espace public a diminué de 50 % entre 1983 et 2008. En 2019 aux Pays-Bas, on a mesuré par exemple qu'un enfant sur six ne joue jamais dehors. Cette restriction croissante de l'indépendance des enfants est largement attribuée à des facteurs sociétaux et parentaux, tels qu'une pression éducative et académique plus forte, mais également à l'évolution de notre rapport au risque et à la sécurité.

Les opportunités de jeu indépendant pour les enfants – qui permettaient autrefois de jouer et d'explorer sans supervision directe adulte – ont fondu, entraînant dans leur sillage une augmentation de troubles mentaux, comme l'anxiété et la dépression. Une étude[1] publiée dans *Psychology Today* traite en particulier de cette réduction significative de la liberté d'action indépendante des enfants au fil des décennies et des impacts de cette tendance sur leur santé mentale. Cette

1. Peter Graya, David F. Lancy et David F. Bjorklundc, « Decline in Independent Activity as a cause of decline in children's mental well-being: summary of the evidence », *Journal of Pediatrics*, février 2023.

diminution du jeu libre est en partie due à une augmentation du temps passé à l'école et à des activités structurées, ainsi qu'à une surprotection des parents qui sont de plus en plus préoccupés par la sécurité et la réussite académique de leurs enfants. Ces changements ont limité les occasions pour les enfants de développer leur autonomie, leur créativité et leur capacité à gérer le risque, des compétences essentielles pour leur bien-être psychologique.

Nos sociétés ont de fait développé un rapport « consumériste » au risque, le considérant, non plus tel que le faisaient les générations précédentes comme un à-côté faisant partie intégrante de nos vies, mais plutôt comme un inconvénient à bannir, comme on le ferait d'un défaut identifié dans un produit. Nous sommes prêts dans cette quête à payer le prix élevé de la liberté. Concernant nos enfants, l'équilibre entre contenir un risque tangible immédiat et des bénéfices futurs incertains ou mal évalués sur leur développement a été arbitré dans un large consensus en faveur de la coercition. Les exemples de cette consumérisation sont légion : notre gestion du Covid-19, par exemple, a mis en avant la somme des sacrifices que nous étions prêts à consentir pour échapper à la pandémie, en premier lieu, la privation de liberté généralisée que nous nous sommes imposée, ainsi que la transposition conjointe de notre statut de patients à celui de clients des solutions proposées, telle que notre rejet des effets secondaires des vaccins, par exemple. Tout en devisant entre nous des avantages comparés des différentes « marques » de vaccins… Essayons un instant d'imaginer les effets d'une telle aversion sur l'invention de l'aviation, par exemple, pour comprendre à quel point ce consentement au danger a été un préalable à de nombreux progrès humains.

À ce stade de nos investigations, il apparaît maintenant que les causes des comportements de nos enfants sont à la fois plus claires et plus complexes. Leur progressive restriction de liberté liée en toute logique à l'explosion du temps passé à l'intérieur, sur des écrans, semble exonérer ceux-ci au moins d'une partie de leur rôle dans l'augmentation des troubles mentaux. Il est effectivement plus satisfaisant de blâmer la technologie que nos propres manquements éducatifs éventuels, et notamment ce rejet croissant du risque. Si Nathan est enfermé dans sa chambre à 20 heures et s'il s'en échappe virtuellement, ce n'est peut-être pas sa faute uniquement, mais celle de ses parents. Comme souvent dans l'éducation, l'enfer est pavé de bonnes intentions.

Il est 20 heures, l'heure de la publicité

Des marchands de bonheur aux trafiquants d'imaginaire

Raphaël LLorca[1]

Jadis garantes du bonheur consommatoire, les agences de pub assument désormais de jouer un rôle dans la Cité.

À 20 heures, sur France Télévision, la publicité disparaît – ou presque. Depuis le 5 janvier 2009, les chaînes de télévision publiques ne peuvent plus diffuser de publicités commerciales de 20 heures à 6 heures du matin, à l'exception de « la publicité collective et d'intérêt général », comme les campagnes de sécurité routière ou de lutte contre l'alcoolisme. Ce faisant, le législateur établissait une sorte de frontière entre

1. Raphaël LLorca est communicant et essayiste. Dernier ouvrage paru : *Le roman national des marques* (l'Aube/Fondation Jean-Jaurès, 2023).

« la mauvaise pub » (comprendre : celle qui pousse à consommer) et « la bonne pub », celle qui œuvre au bien public.

Qu'en est-il à une époque où la publicité commerciale cherche, à son tour, à sauver le monde ?

On l'a tous remarqué : sur l'écran de télévision, au cinéma, sur les murs et les abribus de nos villes, la pub a changé. Et même, beaucoup changé. Elle ne poursuit plus les mêmes ambitions, et ne tient plus le même type de discours, y compris sur elle-même. Hier garantes d'un bonheur consommatoire, les agences publicitaires assument désormais jouer un rôle plus direct dans la Cité, en disant vouloir façonner les imaginaires de l'époque. Plus encore que l'évolution des publicités, c'est la transformation du rôle que les agences de publicité se donnent elles-mêmes que je voudrais éclairer.

Pour mesurer l'ampleur du chemin parcouru ces dernières années, je me suis replongé dans *99 francs*[1], le roman de Frédéric Beigbeder. Son personnage principal, Octave Parango, officie au sein de l'agence Rosserys & Witchcraft, dite « La Rosse ». À travers lui, c'est tout un

1. Frédéric Beigbeder, *99 francs*, Paris, Grasset, 2000.

continent englouti qui ressurgit : le monde de la pub des années 1990, avec ses largesses et ses excès. On y parle beaucoup de fric, de coke et de prostituées, mais ce n'est pas l'essentiel ; ce qui est intéressant, c'est la lecture sociologique qu'on peut en faire, en creux. À travers ses descriptions, l'auteur, lui-même ancien publicitaire, nous renseigne sur la fonction que revêtait alors l'entité « agence de publicité » dans la société.

D'abord, l'agence de publicité est décrite comme un lieu de créativité, une sorte d'atelier de saltimbanques au service de la consommation. « On est tous des artistes ratés » lâche Octave en parlant de ses collègues, romantisant sa propre profession. Il a beau être désabusé et finir par être dégoûté de ce qu'il fait, il n'en défend pas moins une conception essentiellement créative de la publicité. Lorsqu'il parle de son métier de concepteur-rédacteur, qui consiste à concevoir des slogans pour les affiches et des scénarios de films de trente secondes, il se décrit comme un « écrivain public ». Mieux : pour lui, le publicitaire est une sorte de poète des temps modernes.

> Aucun métier ne donne autant de pouvoir aux mots. Un rédacteur publicitaire, c'est un auteur d'aphorismes qui se vendent. J'ai beau

haïr ce que je suis devenu, il faut admettre qu'il n'existe pas d'autre métier où l'on puisse s'engueuler pendant trois semaines à propos d'un adverbe. Quand Cioran écrivait « Je rêve d'un monde où l'on mourrait pour une virgule », se doutait-il qu'il parlait du monde des concepteurs-rédacteurs[1] ?

On retrouve cette même idée chez le sémiologue Georges Péninou, ancien directeur du Département des recherches et des études de l'agence Publicis. Dans *Intelligence de la publicité*[2], il explique que toute la force de la publicité a consisté à « conférer du sens aux objets, de les doter d'une signification inventée ». Il y voit une rupture symbolique importante dans l'histoire moderne. « Il y eut des siècles où l'univers des choses ne signifiait pas, où un certain ordre de choses matérielles, instrumentales, ne donnait ni prise, ni prétexte à dotation de sens », détaille-t-il. « Brut, frustre et réel, l'univers des choses aurait pu demeurer ce qu'il fut : absent ». Voilà le rôle de la publicité dans la société de consommation : donner du sens au monde des choses. Ou, pour reprendre une jolie formule de Jacques Séguéla, « donner

1. *Ibid.*
2. Georges Péninou, *Intelligence de la publicité*, Paris, Robert Laffont, 1972.

du talent à la consommation », et « faire de l'auto et de l'hypermarché autre chose que ce qu'ils sont : une machine a rouler vers une machine à acheter[1] ».

Deuxième élément marquant de *99 francs* : la nature de la critique adressée à la publicité. Pour faire court, c'est une critique d'ordre idéologique, très alignée avec ce que pouvaient sécréter comme réflexions des auteurs critiques comme Georges Perec (*Les choses*[2], 1965), Jean Baudrillard (*La société de consommation*[3], 1970), François Brune (*Le bonheur conforme*[4], 1981) ou Naomi Klein (*No logo*[5], 1999). La publicité, pour Beigbeder, c'est avant tout une fabrique de désirs inutiles : « La magie est accomplie, s'exclame Octave Parango, donner envie à des gens qui n'en ont pas les moyens d'acheter une nouvelle chose dont ils n'avaient pas besoin dix minutes auparavant. »

---

1. Jacques Séguéla, *Hollywood lave plus blanc*, Paris, Flammarion, 1982.
2. Georges Perec, *Les choses,* Paris, Julliard, 1965.
3. Jean Baudrillard, *La société de consommation*, Paris, Gallimard, 1970.
4. François Brune, *Le bonheur conforme*, Paris, Gallimard, 1981.
5. Naomi Klein, *No logo*, Arles, Actes Sud, 2001 [1999].

La publicité, c'est surtout le matraquage d'un certain idéal de vie, érigé en norme : le bonheur. Ce qui caractérise les films et les affiches publicitaires de l'époque, c'est leur volonté de construire l'idée d'un bonheur accessible par la consommation de produits et de services. Visuellement, à coups d'images de visages souriants, d'éclats de rire, d'enfants qui gambadent joyeusement et de familles aimantes. Textuellement, à coups de slogans aguicheurs, du type : « Le bonheur si je veux » (Club Med), « Chaque jour, du bonheur à tartiner » (Nutella), « Le bonheur, c'est simple comme un coup de fil » (France Télécom), « Le bonheur vous va si bien » (Kiabi), « Le bonheur pour tous » (Coca-Cola), etc. À l'époque, Jean Baudrillard parlait d'un « *fun system* », avec l'idée d'une jouissance contrainte pour le consommateur : « Pas question pour lui de se dérober à cette contrainte de bonheur et de jouissance [...]. S'il l'oublie, on lui rappellera gentiment et instamment qu'il n'a pas le droit de ne pas être heureux. » Plus récemment, le philosophe et professeur de marketing à l'ESCP Europe Benoît Heilbrunn a écrit un essai pour dénoncer la confusion entretenue par les marques de grande consommation entre les notions de bonheur, de plaisir et de bien-être. À le lire, le discours des marques aurait dépolitisé, émotionnalisé et affadi cette notion de bonheur, sujet de tant de réflexions philosophiques au XVIIIe siècle, en érigeant à sa place des avatars, plus accessibles et immédiats :

> La société marchande ne se contente pas de culpabiliser les individus parce qu'ils ne sont pas heureux, elle fait tinter le grelot du bonheur pour vendre du plaisir. A-t-on déjà atteint le nirvana en croquant dans un rocher Suchard ou un dégustant un Caprice des dieux[1] ?

Au-delà du contenu publicitaire, comment les publicitaires parlaient-ils eux-mêmes de leur métier ? Quelle conception de la publicité défendaient-ils ? Dans un texte magistral, rédigé dans les années 1990, le sémioticien Jean-Marie Floch a dégagé ce qu'il appelle quatre « idéologies de la publicité[2] ». « Sous les signes de l'évidente compétition commerciale entre agences », on peut, selon lui, voir se dessiner « un véritable débat d'idées, des conceptions différentes et parfois antinomiques de la valeur ajoutée que représente la création ».

---

1. Benoît Heilbrunn, *L'obsession du bien-être*, Paris, Robert Laffont, 2019.
2. Jean-Marie Floch, *Sémiotique, marketing et communication*, Paris, PUF, 2002.

Ce qui distingue fondamentalement des publicitaires comme Jacques Séguéla ou David Ogilvy, c'est leur conception de la fonction du langage (verbal comme non verbal). En cela, le débat qui traverse les publicitaires est très proche de celui qui traverse le monde des sémioticiens, remarque finement Jean-Marie Floch : « Les publicitaires se demandent si la valeur du produit, pour le consommateur, préexiste à la publicité ou si c'est la publicité qui la lui donne ; les sémioticiens si le langage est la représentation d'un sens déjà là ou s'il en est la construction. »

Qu'en est-il aujourd'hui ? Une couverture récente du magazine spécialisé *Stratégies* permet de prendre la mesure du changement d'époque. Les deux co-présidents de l'agence Havas Paris, Mayada Boulos et Julien Carette, font la une avec, en grand, une citation qui barre toute la page : « Une agence doit aussi vendre des visions du monde ».

Tableau 1. Les quatre idéologies de la publicité[1].

	Publicitaire - star	Principe directeur	Campagne illustrative
Publicité référentielle	David Ogilvy	Informer sur le produit « Donner les faits »	Le bruit de la Rolls Royce
Publicité mythique	Jacques Séguéla	Rêverie, imagination « Donner du talent à la consommation »	Le cow-boy de Marlboro
Publicité oblique	Philippe Michel	Incongru, paradoxe « Mettre à l'épreuve l'intelligence du consommateur »	« Paris-Amsterdam aller et retour 30 F » pour les baskets Buggy (Eram)
Publicité substancielle	Jean Feldman	Épure, retour à l'essentiel « Exprimer la nature profonde du produit »	« Lustucru. Bons œufs, bonnes pâtes »

Au cœur de l'interview, on lit une conception très offensive de la communication : « Nous sommes persuadés que la communication a un grand pouvoir de transformation de l'économie, de la société, des comportements. » Le champ d'action s'est déplacé : on ne parle plus de la relation entre publicité et

1. *Ibid.*

produit, mais de l'entrelacement entre publicité et société. L'idée, désormais, c'est de « changer le monde », en allant même jusqu'à récupérer, au passage, le mythique slogan mitterrandien (« changer la vie »). Ce faisant, la publicité a changé de discipline linguistique, passant de la sémantique (l'étude de ce qui est inscrit dans la signification des mots, indépendamment de leur utilisation) à la pragmatique (l'étude de l'emploi intentionnel des mots, de ses effets sur l'interlocuteur).

Comment ? En construisant de « nouveaux imaginaires ». De nouveaux imaginaires écolos, pour commencer : « Il va falloir être capable de raconter que rouler en électrique, investir dans l'ISR ou manger bio, c'est cool[1] », détaille Julien Carette. Un peu plus loin, c'est le risque d'une victoire du populisme qui hante Mayada Boulos. Pour l'éviter, explique-t-elle, « les entreprises, les agences de com, en ce qu'elles sont capables de façonner les imaginaires, peuvent être utiles ».

Ce qui est surprenant, c'est que le monde des agences revendique aujourd'hui ce qu'on leur reprochait hier. En effet, la capacité de

1. Gilles Wybo, « Les projets de Mayada Boulos et Julien Carette pour Havas Paris », *Stratégies*, 14 mars 2024.

la publicité à « façonner les imaginaires » a longtemps été un élément structurant du discours publiphobe, qui voyait dans la publicité une nouvelle propagande aux effets manipulatoires. Dans *99 francs*, la publicité est d'ailleurs dépeinte comme une sorte de néo-totalitarisme orwellien. Dans *1984*[1], tout le propre du gouvernement consiste, en effet, à parvenir à annuler la pensée en anéantissant le langage : ainsi du ministère de la Vérité qui a pour objectif de « rendre impossible le crime par la pensée ». De même pour la publicité, définie par Octave Parango comme « le premier système de domination de l'homme par l'homme contre lequel même la liberté est impuissante ». « Je vous empêche de penser », poursuit-il cyniquement, convaincu que l'objectif est de « vous transformer en mouton ».

Dans un phénomène de digestion de la critique dont le capitalisme a le secret, les agences publicitaires proclament tout haut un nouveau statut ; par les imaginaires, les voici capables de « dépasser le statut d'observateur des marques dans la cité pour en devenir un véritable acteur » (Mayada Boulos). En vérité, c'est un phénomène que l'on observe

1. Georges Orwell, *1984*, Paris, Gallimard, 1950 [1949].

à l'échelle du secteur tout entier: depuis les années 2020, c'est en effet l'ensemble des discours d'agence qui s'est aligné sur ce qui s'apparente bien à une nouvelle idéologie de la publicité, si partagée qu'elle est en devient écrasante, exerçant un monopole de fait sur la vision de la publicité. « Avec des idées, des concepts, des slogans, nos agences accompagnent depuis des décennies les changements de comportement[1] » explique par exemple Agathe Bousquet, la présidente du groupe Publicis en France. « Aujourd'hui, ce sont les marques – qu'on le veuille ou non – qui ont la puissance imaginaire et la puissance économique de changer le monde[2] » assène Luc Wise, fondateur de l'agence The Good Company. « Nous avons un rôle à jouer, confirme David Leclabart, président de l'agence Australie: inventer de nouveaux imaginaires qui donnent envie d'un monde meilleur, qui génère de nouvelles aspirations pour une société plus juste et plus

1. Gilles Wybo, « Agathe Bousquet (Publicis): "Sur le climat, 2023 a été tristement l'année de tous les records" », *Stratégies*, 4 janvier 2024.
2. Delphine Le Goff, « The Good Company, la com responsable pour de bon », *Stratégies*, 21 janvier 2019.

écologique[1]. » Et Bertille Toledano, présidente de BETC, d'enfoncer le clou : « Créer les nouveaux imaginaires, les nouveaux récits qui porteront les nouveaux comportements, rendre ces récits désirables, c'est notre job de communicant[2]. »

Pour reprendre la distinction établie par Jean-Marie Floch, il semblerait que les agences publicitaires d'aujourd'hui aient opté, pour l'écrasante majorité d'entre elles, pour la fonction constructive du langage (*versus* la fonction représentationnelle) : il ne s'agit pas tant de représenter le monde tel qu'il est, mais de modifier le rapport de présentation du monde lui-même.

Qu'il semble loin le temps où les agences de publicité s'érigeaient en marchands de bonheur. Face aux grands enjeux de l'époque, les agences entendent jouer un nouveau rôle, celui de trafiquants d'imaginaires. Il en va, bien sûr, d'une réponse défensive face aux critiques de plus en plus vives contre le rôle néfaste de la publicité dans la transition écologique : dire promouvoir de « nouveaux

1. David Leclabart, « La publicité au secours du désir d'avenir », *Stratégies*, 21 septembre 2020.
2. Delphine Le Goff et Gilles Wybo, « Les nouveaux chantiers de l'AACC », *Stratégies*, 4 septembre 2023.

imaginaires » (comprendre : plus responsables), c'est résolument s'ancrer dans un monde où publicité et climat ne sont pas incompatibles.

Mais ce type de méta-discours du monde publicitaire masque peut-être autre chose. Parler si ouvertement de son pouvoir ne risque-t-il pas d'en annuler l'effet, un peu comme le magicien dont les tours cessent de fonctionner à l'instant précis où il dévoile ses secrets ? Allons plus loin : ne peut-on pas y voir une preuve de faiblesse ? Un monarque n'a pas besoin de parler des effets de son pouvoir, sauf s'il doute de son effectivité. Dès lors, un doute s'instille : au-delà de leurs effets de discours, les agences ont-elles réellement le pouvoir sur les imaginaires ? Il y a un quart de siècle, Beigbeder parvenait à une conclusion très différente : « Le pouvoir est une invention révolue, écrivait-il alors. Les pouvoirs d'aujourd'hui sont si multiples et dilués que le système en est devenu impuissant. » Et si les discours d'agence autour des « nouveaux imaginaires » constituaient la forêt qui cache l'arbre, celui de l'impuissance ?

Il est 20 heures, l'heure des écrans

Vivre à la même heure mais pas à la même époque

Aure Goffman[1]

Chaque âge de la vie bricole son propre imaginaire grâce à (ou à cause de) la quasi-infinité des choix proposé par les plateformes. Et si on fermait plutôt nos écrans pour ouvrir un bon bouquin ?

Il est 20 heures sur Netflix ou, plus rarement, sur Amazon Prime, sur Disney+, sur MyCanal. Ou bien il est 1 heure du mat'. Ou 15 h 12. Telle est la magie des plateformes, en permanence disponibles, nous offrant l'illusion de nous abstraire du temps commun, de régner en maîtres sur notre destin. À nous seul, l'écran d'accueil fait de l'œil, personnalisé jusque dans le choix des images illustrant chaque série, chaque film,

1. Aure Goffman est scénariste et dramaturge.

différant d'un utilisateur à l'autre – car nous sommes uniques, nous aussi, on le vaut bien et tout ce qui s'ensuit. *Me, Myself and I.* Cette phrase du couplet de DeLaSoul nous revient : « *If time is money, I need a loan* » (« si le temps c'est de l'argent, j'ai besoin d'un prêt »).

L'algorithme sélectionne ces vignettes selon nos pouces levés, nos visionnages précédents, nos arrêts sur image, nos abandons en cours d'épisode. Il sait qu'on aime les images noires, jaunes ou rouges, qu'on préfère avoir l'impression qu'on va pleurer, ou rire, ou s'encanailler, ou avoir peur. Qu'il a 4 minutes pour nous convaincre de ne pas zapper. Qu'on cliquera plus probablement si l'image compte une voiture, une femme qui rit, un homme seul à l'air dépité – mais en costume élégant, un bout de cuisse, des enfants ou des chevaux. Qu'on apprécie les promesses de mystère ou de détente, d'érotisme ou de violence (l'un n'empêchant pas l'autre). Voire qu'on aime apprendre – mais jamais trop. L'algorithme ne nous juge pas. L'algorithme est de notre côté. Il nous propose de rester exactement identiques à nous-mêmes – comme la mort, en gros.

L'abondance de choix nous donne d'ailleurs l'impression vaguement nauséeuse d'avoir déjà tout vu – ou d'avoir vu des fictions si ressemblantes qu'elles se confondent avec celles qu'on nous propose.

Mais il est 20 heures et on a 16 ans. On a fui le salon familial où l'orage parental menace, où nos frères et sœurs braillent, où tout le monde est occupé à autre chose – regarder le JT et son cortège de mauvaises nouvelles (merci bien), laver la vaisselle ou repasser cette pile de linge dont la hauteur ne décroît jamais, rouvrir un dossier ou un ordinateur car la journée de travail n'est pas finie. On traîne sur la page d'accueil, on lance une série dont une copine nous a parlé – on ne la connaissait pas, mais on a fait semblant. Une série française, pour une fois. Le montage est ultrarapide, les comédiens sont sexy et queer, le gothique prude est assumé, ce mélange de rouge, de noir, et de sexe sans sexe – victorien qui s'ignore, à quelques substances illicites près. Le langage « faux jeune » est quasi crédible. On sent la patte du scénariste au moins trentenaire, mais ça passe, il y a quelques expressions qu'on utilise encore (« du coup »). La série, produite l'année dernière, avec une bande originale impeccable, sait mêler un récit de vampires, ou de zombies, ou d'athlètes, ou de musiciens, ou de lycéens, à des problématiques identitaires censées refléter les soucis de notre génération. Autour de nous, on se demande aussi si Parcoursup va nous avaler tout crus, comment diable on ne va pas griller vifs par 60° en avril, et par quels moyens on parviendra dans l'intervalle à louer ne serait-ce qu'un demi-studio, mais c'est sûr que c'est moins glamour – et on ne prétend pas savoir ce dont on aurait *vraiment* besoin pour ne plus y penser. Bon, mais ça traîne, cette série, c'est lent, non ? Qui écrit encore des scènes d'exposition ? En 2024, sérieusement ? On passe en vitesse 1,5, mais ça ne suffit pas. On pianote sur notre smartphone en même temps, on scrolle un peu, mollement et rapidement à la fois – un concept. Notre agilité oculaire est épatante : on parvient à garder un œil sur deux écrans simultanément sans crampe de la cornée. Est-ce que le reste de la vie sera à la hauteur, aussi dense en propositions, en diversions ? L'engueulade parentale qui perce les cloisons nous évite d'approfondir. C'est mieux comme ça, on le pressent. On met de la musique fort pour couvrir les éclats de voix, on coupe le son de la série, on met les sous-titres en français. Comme ça, ça va.

Ou bien il est 20 heures et on a 20 ans. Étudiante fraîchement arrivée dans cette ville inconnue où personne ne nous invite après les cours à partager un café, un verre, une soirée, on a fini nos raviolis et de revoir nos notes de TD, les couloirs de la résidence sont silencieux (hormis le pas traînant de l'étudiant de la 112, toujours en chaussons alors qu'il est en Staps), le temps semble devenir une matière spongieuse, étirable à l'infini. On s'ennuie. On voit bien que les écrans, ce soir, n'y pourront rien – et ne feront même qu'aggraver notre cas. On bifurque vers l'appli de la Sncf. On rentrerait bien chez nos parents ce week-end. Ils sont un peu chiants, mais ils ont le mérite d'être en 3D. Et de connaître notre prénom.

Ou il est 20 heures et on a 25 ans, toujours chez nos parents. Le cannabis nous rend indulgent envers l'algorithme. L'absence d'alternative aussi. Rien à faire dehors. Rien de nouveau en tout cas. Sur l'écran, les types sont censés me ressembler – bien qu'ils ne cherchent pas de travail, eux. Ils prennent leur rôle très au sérieux : me dire de quoi je dois rêver, en flattant mes pulsions qui sont comme celles de tout un chacun – inavouables, mais parfaitement transparentes à mes usages virtuels. Visiblement, je devrais caresser l'idée de gagner énormément d'argent (pas juste de quoi vivre dignement, non, mais de quoi me vautrer dans les biftons, avec indignité justement, en ricanant) grâce à une activité illégale impliquant au choix (ou simultanément car l'abondance ne nuit pas, par définition) de la drogue, des armes, de voler, de mentir et d'arnaquer, de tuer un certain nombre d'individus (dont quelques policiers à la stupidité ostentatoire, qui n'ont pas vu le coup venir), car c'est ça, la vie d'affranchi, puis d'échapper à la justice, et de finir avec quelques filles sublimes, vénales et enthousiastes dans un jacuzzi (ou dans une villa d'un pays peu porté sur les conventions d'extradition). Ouais, pourquoi pas, ça a l'air cool. Le cannabis nous fatigue et l'algorithme le sait : il ne faut pas faire dans la dentelle pour percer ses limbes.

Il est toujours 20 heures, décidément, et on a 36 ans, on attend notre troisième enfant et la sciatique nous empêche de nous allonger. Notre mari est occupé à coucher les grands. Les cloisons sont si fines qu'on entend sa voix leur lire une histoire. Toujours la même – car les enfants aussi ont parfois le goût de la répétition. On regarde la neige tomber par la fenêtre. Notre esprit grimpe les escaliers quatre à quatre : neige, froid, hiver, Noël, rom-com. L'algorithme qui nous comprend mieux que personne nous en propose quatre alignées sur la première rangée, nous attendant déjà. La vie est belle. On sait qu'il y aura un veuf joli comme tout. Une amie scénariste a assisté à un séminaire sur les rom-com. Le formateur était formel : l'homme des rom-com doit être veuf. Et vivre dans un joli village. De préférence d'un métier manuel impliquant du bois et des outils métalliques. Il peut être un peu ours, il peut avoir un enfant (souriant et silencieux, ne requérant aucune logistique, un enfant très différent des enfants, en fait), mais il ne doit plus y avoir de première épouse. Place nette à l'amour. On adore. On ne sent déjà plus la sciatique.

Il est 20 heures. On a 47 ans et on vit à Paris, après de trop longues études. On ne trouve presque jamais rien qui nous intéresse sur les plateformes, mais résilier l'abonnement nous fatigue d'avance. On traîne par acquit de conscience sur la page d'accueil, on fait défiler les propositions, toutes mises sur le même plan – les grands films, les navets, les séries remarquables, les daubes, les docus *true crime* nous confirmant que le mal existe et les thrillers nous faisant croire qu'il est partout, les séries érotiques qui évoquent les Harlequin qui traînaient chez nos grands-mères, les comédies qui supposent que notre développement cérébral s'est interrompu en grande section. L'algorithme ne nous juge pas, mais comme on vient rarement, il nous connaît mal, et ignore que la surabondance nous écœure facilement. On soupire – comme de plus en plus souvent, nous a-t-on fait remarquer.

Il est 20 heures et on a 66 ans. Notre téléviseur ne fonctionne pas ce soir. Une tempête, paraît-il. On s'abonne à Netflix sur notre ordinateur portable. Un mois à l'essai. On verra bien.

Il est 20 heures et on a 73 ans. Le dîner est déjà loin. On mange léger, on n'a souvent pas très faim. Et comme tous les soirs, on attend notre polar (notre petite-fille se fout de nous en disant qu'on ferait mieux de déménager directement dans un commissariat). Il commence de plus en plus tard. Le temps du 20 h 30 est loin. On doit tenir jusqu'à 21 h 10 maintenant. Alors, enfin, le sang coulera. Ce sera une histoire de jalousie ou de vengeance, de préférence « en région », avec quelques plans par drone pour qu'on voie du pays. On nous répétera plusieurs fois la même chose, au cas où on serait distrait, légèrement assoupi ou en train de pisser – l'âge, on sait ce que c'est. Les enquêteurs seront malins, mais sans excès – un peu moins que nous dans tous les cas, pour ne pas nous priver du plaisir de deviner une seconde avant eux que ce voisin à l'air faussement patelin est le véritable coupable, que c'est lui qui a trucidé le jardinier, et maquillé son crime en accident de débroussailleuse. Les enquêteurs auront peut-être un *truc* inoubliable – trois ex-maris, un accent ch'ti ou un don, ils dialogueront avec les morts ou parleront aux arbres, ils seront Asperger, mais pas trop, débordés, dotés d'une mère envahissante, en plein divorce. On s'attachera à eux, gentiment. À la fin, la justice sera rétablie, le coupable arrêté. On comprendra son crime, mais on sera rassuré de le savoir derrière les barreaux. On a entendu que l'Arcom avait protesté contre l'omniprésence des polars à la télé. De quoi elle se mêle, celle-là ? Elle ne sait pas que le monde est un endroit dangereux ? On se demande bien ce qu'elle vote, tiens. Le service public, lui, est avec nous. Il paraît même que la directrice de la fiction dit « mes petits vieux » pour parler de nous. Elle pense qu'on a peur de tout, qu'on aime beaucoup la police, qu'on est un peu lents aussi, plutôt incultes, pas mal racistes. Dans le miroir, on fait peine. De temps en temps, on se demande quand même si ce ne seraient pas tous ces polars qui auraient fini par nous rendre si trouillards. Jusqu'à ce matin, par exemple, on regardait le voisin jardiner sans se méfier. Il est sympa, Bruno. Ce soir, en fermant les volets, on s'est crispé en voyant sa débroussailleuse qui traînait sur le gazon. On s'est demandé si on ne devrait pas acheter une alarme. Juste au cas où. Notre fils, qui se croit toujours tout permis, veut nous offrir une télé spéciale qui ne capterait que la

BBC. Il pense qu'on irait beaucoup mieux. Notre fils est un petit con prétentieux, mais c'est vrai que, pour Bruno, ce serait peut-être mieux.

Il est 20 heures et on a tous les âges à la fois. On voit des amis ce soir, ou la personne dont on est amoureux, ou nos enfants – parfois tous à la fois. On regarde le soleil se coucher sur la dalle, les arbres frissonner, ou la pluie sur les toits. On ouvre un livre, une BD. On discute, on raconte notre journée, les trucs ordinaires et insensés qui nous sont arrivés. On joue. On se dit qu'il va falloir sortir le chien. On bricole, on révise ou on aide à réviser, on souffle. On cherche à séduire, à convaincre, à faire rire, à s'expliquer. On prépare les cartables du lendemain. On toque doucement à la porte de la chambre des grands. On lance une machine. La pluie cesse. On ouvre la fenêtre. Un vent frais s'engouffre. Une bouffée de joie nous saisit. On l'a, ce *loan* – ce prêt. Il est toujours 20 heures. Les écrans sont éteints.

Il est 20 heures, l'heure du « 20 heures »

Les héritiers de PPDA

Tristan Guerra[1]

Si la « grand-messe » du « 20 heures » a perdu de sa superbe, les Français regardent encore massivement la télé à cette heure-là. Mais ils ne regardent pas tous la même chose.

Régulièrement, mon travail me donne l'occasion de pénétrer chez les Français à 20 heures. Chez plusieurs Français à la fois. Par écran interposé, deux heures durant, nous discutons, ils discutent, de divers sujets qui les intéressent et les préoccupent. C'est ce qu'on appelle, dans le jargon, faire « du quali », pour « groupe qualitatif ». Et dans notre désir de mieux les comprendre, nous leur demandons souvent comment ils s'informent et ce qu'ils regardent à la télé.

---

1. Tristan Guerra est politiste et responsable de la recherche du think tank Destin Commun.

Un jour, je leur ai posé cette question : « Que faites-vous d'habitude à 20 heures ? » Leur première réaction a été de répondre par la négative : « En tout cas, je ne regarde pas le 20h. » Preuve, s'il en était encore besoin, que ce grand rendez-vous télévisuel demeure une référence unanimement partagée dans l'imaginaire collectif des Français. Mais une référence qui appartient en partie au passé : le 20 heures de TF1, après avoir frôlé les 50 % de parts d'audience lors des adieux de Patrick Poivre d'Arvor (PPDA) en 2008 et ayant passé plusieurs fois la barre des 13 millions de téléspectateurs, ne dépasse pas aujourd'hui les 6 millions, ni les 25 % de parts d'audience. Que font alors nos concitoyens, en ce début de soirée, s'ils ne répondent plus à cette convocation quotidienne qui les faisait converger, dans leur grande diversité, dans un moment de communion informationnelle nationale ?

Une grande partie d'entre eux sont tout de même devant leur (plus si) petit écran. De fait, l'audience cumulée des programmes d'information ou assimilés des principales chaînes de la TNT à cet horaire correspond peu ou prou à l'audience qu'atteignait le seul 20 heures au faîte de sa gloire. Simplement, aujourd'hui, les Français ne regardent plus tous la même chose.

Dans son ambition de décrypter les tendances de fond de l'opinion, Destin Commun a élaboré, fin 2019, une typologie fondée non pas sur les traditionnels critères socio-démographiques (âge, revenus, diplômes, etc.), mais sur des indicateurs issus de la recherche en psychologie sociale. Ces éléments nous ont permis d'identifier au sein de la société française six familles correspondant à des systèmes de valeurs très différents les uns des autres. Les caractéristiques socio-démographiques n'ont pas servi à déterminer ces groupes, mais certaines peuvent y être identifiées a posteriori (plus de femmes, ou de jeunes...). Or il se trouve que chacun de ces six groupes correspond au cœur d'audience de l'un des principaux programmes d'information diffusés chaque soir à 20 heures. Dis-moi ce que tu regardes à 20 heures, je te dirai qui tu es.

« Militants désabusés » : la team « Quotidien »

Des six groupes, c'est celui qui a la vision du monde la plus politisée. Sensibles aux inégalités et à la défense des minorités, les « militants désabusés », qui représentent

12 % de la population[1], sont conscients que leurs convictions ne mobilisent pas le plus grand nombre. Sur-représentés parmi les professions intellectuelles et libérales, ils regardent peu la télévision. Ils suivent l'actualité de très près, mais préfèrent la radio et la presse écrite.

Mais « Quotidien », ça leur va bien. Cette émission, diffusée entre 19 h 25 et 21 heures du lundi au vendredi sur TMC, c'est leur petit moment de détente au terme d'une journée studieuse et au milieu d'une vie marquée par l'engagement voire, pour certains, par le risque du burn-out militant. C'est aussi un style et une ligne éditoriale critique des politiques tout en leur donnant largement la parole et engagée sur des sujets qui leur tiennent à cœur. De gauche, disons-le, mais ouverte à la parole des représentants d'autres familles politiques, sans néanmoins franchir le Rubicon de l'extrême droite. Férus de culture, les « militants désabusés » apprécient les chroniques qui lui sont dédiées et la parole des artistes,

1. Ces chiffres indiquent la proportion de chaque famille de valeurs dans la population française, et non pas la part de la population qui regarde chacun des programmes cités, l'audience étant toujours composite.

chercheurs, écrivains ou militants qui sont invités, selon une parité scrupuleusement respectée et dans une ambiance faussement décontractée. Autour de Yann Barthès, on rigole, en sacrifiant quelque peu à ce « ricanement », qui, comme nous l'avions souligné avec Raphaël Llorca dans une étude sur les abstentionnistes[1], contribue sans doute à la défiance vis-à-vis de la politique. Mais on n'est pas non plus là pour dire n'importe quoi, on est pas chez Hanouna. « Quotidien », c'est l'*infotainment* des intellos, où la liberté d'expression revendiquée n'a de limite absolue que la parole raciste et où la *private joke* devient publique, car elle est compréhensible par un large cercle de téléspectateurs qui partagent un certain nombre de codes et de références. On est bien, sur « Quotidien ».

« Stabilisateurs » : le 19/20, la saveur des terroirs

Nostalgiques de Jean-Pierre Pernaut, le présentateur culte du 13h de TF1 décédé en 2022, les « stabilisateurs » sont les plus directs héritiers du 20h. Ce groupe

1. « Dans la tête des abstentionnistes. À l'écoute de ceux qui se taisent », Destin Commun/ Fondation Jean-Jaurès, juin 2022.

rassemble 19 % des Français, relativement à l'aise matériellement et un peu plus âgés que la moyenne de nos concitoyens. Peu représentés dans les grandes métropoles, ces *boomers* sont attachés à leur ville ou village et multiplient les engagements à l'échelle locale : soutien scolaire ou soupe populaire, conseil municipal ou animation pastorale, les options ne manquent pas pour se rendre utile, contribuer au lien social et à la cohésion de la société.

Nos enquêtes quantitatives indiquent que les « stabilisateurs » sont les plus grands consommateurs d'information. Rationnels et rigoureux, ils recoupent différentes sources. Très critiques des chaînes d'information en continu, ils dénoncent la « plateauisation » qui brouille les frontières entre information et opinion :

> « Il y a trop d'éditorialistes parfois. J'ai le sentiment d'avoir face à moi des gens qui cherchent à m'imposer leurs idées. [...] Et j'ai l'impression qu'on veut me bourrer le mou, m'imposer un message, alors que l'information objective doit prédominer. »
> Laurent, 59 ans, « stabilisateur »

Plus attirés par l'offre du service public que par les chaînes privées, ils sont surreprésentés parmi les téléspectateurs de

France 2 et plus encore de France 3. Le journal régional du 19/20 correspond pleinement à ce qu'ils attendent de la télévision : une information factuelle, balayant tous les sujets, refusant de céder à l'anxiogénisation de l'actualité et mettant à l'honneur le local et l'humain. Une résurrection de Jean-Pierre Pernaut, en somme.

« Libéraux optimistes » : le 19.45 de M6

Pressé, le « libéral optimiste » a toujours un temps d'avance. Même sur le 20h. Son rendez-vous d'actu à lui, c'est le 19.45 de M6. Ce JT, diffusé depuis 2009 du lundi au dimanche et qui a flirté avec les 18 % de parts d'audience, a gagné ses lettres de noblesse et acquis, à l'instar du 20 heures avant lui, le privilège d'être cité sans sa chaîne et avec un article défini signalant son unicité : c'est LE 19.45.

Pourquoi les « libéraux optimistes » (11 % de la population) plébiscitent-ils ce programme quotidien ? Initialement conçu pour dépoussiérer le concept du JT, avec un présentateur debout et un style décontracté, le 19.45 séduit naturellement ce groupe plus jeune que la moyenne, intéressé par la politique et par l'économie. La large place dédiée à l'actualité internationale plaît aussi à ces citoyens du monde. De manière générale, nos données quantitatives montrent que le style des chaînes privées (TF1, M6, BFMTV) attire davantage les « libéraux optimistes » que celui des chaînes du service public. Multi-taskers concentrés sur leur vie professionnelle, mais aussi sur leur vie sociale et leurs performances sportives dans une optique d'accomplissement et de réussite personnelle, les « libéraux optimistes » sont dans un rapport de consommation à l'information : elle doit être nourrissante sans être écœurante, précise sans être excessivement experte et *snackable*, pour les jours où le temps manque. C'est ce que propose le 19.45. C'est enfin le ton qui leur correspond : détendus, souriants, les présentateurs semblent, comme eux, voir la vie comme une série de défis auxquels il faut trouver les solutions, plutôt que comme un amoncellement de problèmes déprimants.

« Attentistes » : BFMTV, l'information comme bruit de fond

Les « attentistes » (16 % de la population) sont le groupe le plus jeune des six. Dans un quotidien en tension et face à un monde perçu comme complexe et incertain, ils préfèrent se replier sur la sphère privée, sur leur cocon. Peu engagés dans la vie de la cité, les « attentistes » ne s'intéressent que modérément à l'actualité. C'est le groupe où l'abstention électorale est la plus élevée. Lorsqu'ils allument la télévision, ils se retrouvent, pas tant par choix que par défaut, sur une chaîne d'information en continu.

BFMTV, c'est leur pain quotidien. Dans un rapport plutôt passif à l'information, ils s'abstiennent la plupart du temps de prendre position sur les faits d'actualité. Pour autant, comme une majorité de Français, ils sont vis-à-vis des médias dans un rapport de dépendance mêlée de défiance.

> « Les médias nous mènent là où ils veulent nous mener, on n'a pas toute l'info. »
> Mélanie, 46 ans, « attentiste »

Drogués aux faits divers, ils les appréhendent de manière relativement détachée, quasi clinique, et considèrent, comme nous l'avait expliqué l'un d'entre eux, qu'il y a finalement peu de différences entre un programme de fiction comme « Faites entrer l'accusé » et les chaînes d'information en continu. Ils ne se laissent que peu atteindre par le caractère anxiogène de l'actualité : BFMTV n'est qu'un bruit de fond dans leur salon.

« Laissés-pour-compte » : TPMP, la parole libérée

Dans la typologie de Destin Commun, les « laissés-pour-compte », le plus nombreux des six groupes (22 %), représentent le cœur d'audience de TPMP. Âge moyen, petites et moyennes villes ou zones périurbaines, une situation économique modeste ou précaire, beaucoup de mamans solos. Un travail, la plupart du temps, mais le sentiment de ne pas voir le bout du tunnel et de ne pas comprendre finalement dans quel sens va le tunnel. Et une proximité souvent déclarée, lors de nos groupes de parole, avec les Gilets jaunes. Ce groupe illustre mieux que tous les autres ce que nous avons appelé la nouvelle équation de la défiance : la combinaison entre le poids de l'incertitude, la sensation de complexité du monde et le sentiment d'impuissance, de perte de contrôle. L'impression de passer en dessous des radars de la société, et surtout de ceux du pouvoir. Pas si étonnant, dès lors, que ce groupe plébiscite Cyril Hanouna, qui revendique de tendre le micro aux invisibles.

Si les « laissés-pour-compte » délaissent les JT au profit de TPMP, c'est aussi que ce groupe est le plus marqué par l'info-anxiété et par le sentiment de noyade face à une information surabondante et principalement sombre.

> « Par moments, ils s'éloignent tellement du sujet que ça devient trop brouillon, je préfère zapper. Ça prend la tête, c'est trop d'informations. »
> Lucie, 21 ans, « laissée-pour-compte »

> « J'ai eu trop d'infos pour mon petit cerveau, et j'en ai pleuré. »
> Nathalie, 46 ans, « laissée-pour-compte »

Se détournant des formats d'information traditionnels, ils se satisfont de ce modèle d'*infotainment* qui leur tient lieu, dans une économie de moyens, à la fois d'information et de divertissement.

Certains, néanmoins, ont un regard plus critique sur l'émission, démasquant le cynisme narcissique de son animateur et esquissant une distinction juste entre le fait de donner la parole et l'écoute authentique :

> « Quand on regarde un plateau comme Hanouna, soit il invite des gens pour les ridiculiser, soit pour noyer leur parole. »
> Yacine, 47 ans, « laissé-pour-compte »

« Identitaires » : le rendez-vous de « L'Heure des pros »

Habités par une vision décliniste de la société française, les « identitaires » (20 % de la population) considèrent que notre pays va dans la mauvaise direction et que l'identité de la France est en train de disparaître. Attachés à l'ordre et à l'autorité, ils constituent le groupe le plus âgé de notre typologie. C'est sur CNews qu'ils trouvent le meilleur écho à leur vision du monde.

Qu'apprécient-ils chez Pascal Praud ?

> « Il parle des sujets qui fâchent, il dit les vraies choses. C'est pas lissé, il parle comme je serais capable de parler, il dit ce qu'il pense même si on n'aime pas. »
> Nicole, 68 ans, « identitaire »

Le fameux parler vrai, qui serait le point commun entre Cyril Hanouna et Pascal Praud. La distinction entre faits et opinion, on le voit, est ici gommée. Ces téléspectateurs s'en offusquent-ils ? Au contraire, ils le revendiquent : « C'est pour ça que je l'écoute, parce qu'il donne son avis ! » explique la même Nicole. Entre l'*infotainment* de C8 et l'« infopinion » de CNews, il n'y a qu'une différence de style, qui correspond à la répartition entre « laissés-pour-compte » et « identitaires », ces derniers préférant la cravate rayée au tee-shirt déchiré.

Quoique fidèles à leur chaîne préférée, les « identitaires » sont aussi des zappeurs compulsifs. Le temps qu'ils passent à suivre l'actualité n'a d'égal que leur défiance à l'égard des médias, qui se traduit par une forme d'obsession de la manipulation. 60 % d'entre eux considèrent ainsi que « les responsables politiques manipulent les informations que nous voyons ou lisons », contre 40 % des Français[1].

Six salons, six ambiances. Autant d'îlots télévisuels qui ressemblent fort, au premier regard, à ce que d'aucuns ont décrit comme une France archipélisée, où coexistent plus qu'ils ne vivent ensemble des groupes qui s'ignoreraient et ne se comprendraient plus.

La réalité s'avère plus complexe que cela. Si ces profils correspondent au portrait-robot du téléspectateur de chacun des programmes cités, pour autant, chacun de nous aurait du mal à se ranger lui-même dans une seule case. Car le passage d'une chaîne à l'autre, d'un programme à l'autre, n'est qu'à portée d'une touche de télécommande. La plupart des téléspectateurs, quoique fidèles

1. « Information : cinquante nuances de défiance », Destin Commun, février 2023.

à un programme ou une chaîne, alternent aussi de l'une à l'autre. Ce faisant, ils glanent des bribes de points de vue, de préoccupations et de visions du monde très différents de ceux auxquels ils sont accoutumés. Des ponts se dessinent ainsi entre nos groupes. 40 % des personnes qui déclarent regarder TPMP regardent aussi les journaux de BFMTV et 30 % regardent également le 19.45[1]. Et si les fidèles de Cyril Hanouna regardent assez peu le journal régional de France 3 (à l'inverse des téléspectateurs plus âgés de « L'Heure des pros »), selon une logique de cumul, ils sont en revanche plus nombreux que la moyenne des Français à regarder « Quotidien », dont ils apprécient l'ambiance enjouée et caustique.

Qui, alors, regarde encore TF1 ? Un peu tout le monde, le 20 heures historique restant au carrefour des attentes de tous les groupes, à l'exception des « militants désabusés », les plus sélectifs dans leur rapport à l'information. Plus encore que les JT traditionnels, c'est BFMTV qui fait le pont entre toutes ces audiences, les téléspectateurs de

1. Chiffres issus d'un sondage mené par Destin Commun en février 2024 avec Ipsos auprès de 2 000 personnes représentatives de la population française âgée de 18 ans et plus.

TPMP, de « L'Heure des pros », mais aussi de « Quotidien » en faisant tous une consommation importante.

Le zapping, antidote à l'archipélisation ? En passant de la masse à la multitude, et fort d'une expertise toujours plus pointue en analyse segmentée des audiences, le paysage audiovisuel français a su répondre à la demande de contenus différenciés, reflétant les attentes et les goûts des Français dans toute leur diversité. Mais quoiqu'une vigilance s'impose sur la question du pluralisme interne des chaînes, âprement débattue actuellement, la télévision reste indéniablement un espace de brassage et donc un facteur de maintien d'une cohésion sociale fragilisée. Le téléspectateur de CNews a, de fait, beaucoup plus de chances de regarder « Quotidien » de temps à autre que le lecteur fidèle du *Figaro* n'en a d'acheter un jour *Libération*. De la même façon que les Français fréquentent en moyenne quatre enseignes de grande distribution en fonction des promotions et de leurs besoins, ils butinent d'une chaîne à l'autre. A contrario de certaines analyses, l'offre n'est pas surdéterminante, et le récepteur conserve des marges de manœuvre. Cette observation rejoint la pensée de Michel de Certeau qui, avec son concept de « braconnage culturel[1] » a montré que les lecteurs d'un texte, et plus largement les consommateurs de biens culturels, y opéraient une sélection arbitraire et composite, revendiquant ainsi leur liberté vis-à-vis des puissants producteurs de ces contenus qui entendraient en régenter les accès et les usages.

Mais pourquoi, alors, la télévision contribue-t-elle à la polarisation, phénomène selon lequel nous avons de plus en plus de mal à écouter et surtout à accepter des opinions différentes des nôtres ? L'explication réside dans ce que Laurent Cordonier, docteur en sciences sociales et directeur de la recherche de la Fondation Descartes, qualifie de « décalibrage social » : les réseaux sociaux, dont le modèle algorithmique favorise les contenus radicaux, nous donnent l'illusion que les extrémistes de tous bords sont majoritaires en France. Et ce faisant, ils préparent le terrain pour la polarisation télévisuelle : les journalistes, unanimement présents sur ces réseaux, se forgent une vision de la société à travers le miroir déformant qu'est X (ex-Twitter), qui n'est utilisé que par moins d'un tiers

1. Michel de Certeau, *L'invention du quotidien*, Paris, Folio, 1990 (chapitre 12).

des Français et où l'immense majorité des contenus sont postés par une petite minorité d'utilisateurs. Or la proportion de contenus issus des réseaux sociaux, et en particulier de X, repris à la télévision est très élevée. Le rapport de la Commission Bronner[1] cite plusieurs études qui mettent en évidence cette logique, particulièrement prégnante en France, de contamination des médias audiovisuels traditionnels par les réseaux sociaux[2]. Enfin, dans un schéma circulaire, ces mêmes réseaux sociaux relaient essentiellement, en format capsule, les extraits télévisuels les plus conflictuels, renforçant ainsi leur viralité.

Depuis la perte de monopole du 20 heures, le problème n'est donc pas tant que les Français ne regardent pas la même chose au même moment. La diversité, en elle-même, est a priori saine puisqu'elle se double, par le zapping, d'un phénomène d'hybridation. Ce qui est problématique, c'est plutôt le décalque du modèle des réseaux sociaux par la télévision et l'amplification de la polarisation

1. *Les Lumières à l'ère du numérique*, janvier 2022.
2. Gérald Bronner, *Apocalypse cognitive*, Paris, PUF, 2021 ; Angèle Christin, *Metrics at Work: Journalism and the Contested Meaning of Algorithms*, Princeton, Princeton University Press, 2021.

qu'ils produisent conjointement, selon une boucle de rétroaction. Or toutes les études de Destin Commun montrent une France bien plus complexe et nuancée que polarisée[1]. Dans la réalité, aujourd'hui encore, la vraie vie des Français ressemble plus au 20 heures qu'à Twitter.

---

1. Sur l'absence de polarisation de l'opinion française autour de deux crises majeures récentes, voir notamment : « Police, quartiers, identité française : après les émeutes, les Français inquiets mais modérés », Destin Commun, juillet 2023 ; « Guerre Israël-Hamas : l'opinion des Français après trois mois de conflit », Destin Commun, janvier 2024.

Il est 20 heures en séminaire
au Chateauform

Le monde du travail et sa (très) grande transformation

Axel Salmon[1] *& Mathieu Souquière*

Les Chateauform, ces hôtels de luxe qui accueillent les séminaires d'entreprise, sont les témoins privilégiés des métamorphoses du travail. Immersion.

Rendez-vous en terre corporate

Neuville-Bosc est un charmant hameau au cœur du Vexin français, niché entre une forêt giboyeuse et de vastes champs de blé. Rien ne prédisposait ce « village rural de caractère » à devenir un haut lieu de l'introspection d'entreprise jusqu'à ce que la

---

1. Axel Salmon est communicant et enseignant, spécialisé en stratégie de marque et accompagnement du changement. Il dirige l'agence Septième Fonction.

marque Chateauform, leader de l'accueil de séminaire, ne jette son dévolu sur une majestueuse maison de maître du XIXe siècle. La promesse : une « parenthèse de quiétude loin du tumulte, où travail et détente se marient harmonieusement, pour des séminaires en résidentiel "comme à la maison" ».

Le cadre est posé : bienvenue en terre corporate.

Vincent, François, Sylvie… et les autres

Vincent, 55 ans, CEO d'une très grande entreprise française, sait qu'il lui faut « réaligner » les douze membres de son comité exécutif autour de sa vision stratégique, après une année de transformations aussi rapides qu'éprouvantes. Car il n'est plus seulement question de s'adapter, comme hier, à son marché ; c'est désormais la marche du monde et la marche des hommes – voire des femmes – qui s'invitent de façon démultipliée dans le quotidien des entreprises. Une guerre, un virus (parfois même informatique), une révolution numérique, des chaînes d'approvisionnement à maîtriser, des coûts à réduire, des talents à retenir, une planète à sauver, des tensions sociales récurrentes, des aspirations sociales émergentes, une relation au travail différente. Comme le monde d'hier, si simple et si prévisible, semble loin.

Au sortir de la crise sanitaire, Vincent avait déjà initié « Horizon 2025 », le projet stratégique qui devait dessiner la nouvelle trajectoire économique et sociétale de l'entreprise, co-construite avec le « top 200 » et l'appui d'un cabinet de conseil en stratégie. Un bel exercice d' « intelligence collective ». Mais de « streams » en « streams », de « copil » en « copil », rien ne s'est vraiment passé comme prévu. Démotivation des cadres, difficultés de recrutement, perte de sens, absentéisme et montée des « RPS »… Tout cela imposait prise de recul et temps de réflexion. Va pour l'Oise et cette « demeure bourgeoise au charme apaisant, comme un appel à se déconnecter », idéalement située à 45 minutes de Paris.

Il est 20 heures au Chateauform de Neuville-Bosc et les six femmes et les six hommes qui composent le Comex, tels les chevalières et chevaliers de la Table ronde, s'installent pour dîner. En guise d'armure, une tenue casual – selon le *dress code* suggéré dans le livret remis aux participants –, alliant doudounes sans manches aux couleurs de la marque et baskets « éthiques ». S'habiller, c'est aussi s'engager. Si l'entreprise n'est pas tout à fait « libérée », le plan de table, lui, est libre : ce soir, la spontanéité et l'horizontalité prévalent entre ceux qui président aux destinées du groupe. On ne les appelle plus « cadres dirigeants », mais « top managers », qu'ils soient CFO, DRH, DSI, COO, CTO, CPO, CRO ou patrons de BU. Une économie de lettres et une anonymisation des fonctions qui disent peu et beaucoup à la fois. Seule Anaïs, directrice de la communication, de la marque et de l'engagement – et ordonnatrice avec ses équipes de cet « off site » –, a le privilège d'utiliser plus de trois lettres pour se présenter. Autant dire qu'elle fait perdre du temps à tout le monde.

En ouverture du dîner, le rituel Chateauform prévoit un speech des hôtes™ du lieu. Esteban et Julia, anciens cadres eux-mêmes reconvertis dans le séminaire d'entreprise, couple à la ville et au travail – « mais est-ce vraiment un travail de faire, dans ce cadre magnifique, ce que l'on aime avec la femme que l'on aime ? ». La scénographie est calibrée, le discours minuté et la complicité assumée. L'âtre crépitant dans le dos de Vincent dégage une chaleur enveloppante, qui lui fait craindre un début de somnolence après cette journée de *team building* : exercice d'orientation en forêt, yoga et travail sur la respiration, « fresque du climat » – la feuille de route RSE l'impose à tous les salariés – puis moment d'idéation sur la crise de l'engagement au sein de l'entreprise. Après des décennies de débats sur « la fin du travail », voilà que surgit la question de sa « finalité », centrale et obsédante.

Malgré l'exercice de respiration par le ventre, Sylvie, la DRH, peine à embrasser l'harmonie du moment. Elle se sent démunie et en échec vis-à-vis de Vincent. N'a-t-elle pas, pourtant, rempli sa feuille de route et respecté ses « KPI's » ? Porté tous les sujets d'inclusion, de parité et de conciliation vie pro/vie perso ? Structuré une « expérience collaborateur » alliant bienveillance et performance, rebaptisée « bienformance » ? Et le congé menstruel ? Le premier appliqué par une entreprise de cette taille… C'est à n'y plus rien comprendre. Ne s'est-elle pas, elle-même, mouillée dans ses prises de parole sur LinkedIn, pour afficher l'image d'une entreprise inspirante, à la pointe sur les questions sociétales ? Elle a bien saisi quelques allusions de Vincent, critique à l'égard du « wokisme » et soucieux de ne pas en importer l'esprit dans son entreprise, mais quel rapport ? Sylvie est tirée de ses sombres pensées lorsque Esteban et Julia concluent sur la « chaleur ajoutée » de l'expérience Chateauform et invitent le chef à présenter les attraits d'un buffet aussi copieux qu'adapté à tous les régimes alimentaires. Se nourrir, c'est aussi s'engager. Qui peut encore, dans ces conditions, parler de « dépolitisation » ?

Il est 20 heures au Chateauform de Neuville-Bosc et la dernière séquence de la journée, la plus délicate peut-être, commence. Il ne s'agit assurément pas d'un dîner entre amis, mais les inimitiés qui s'observent lors du Comex hebdomadaire sont censément remisées. Il est implicitement demandé à chacun de prendre sur soi, du recul et, si possible, de la hauteur.

Dans l'ombre d'Esteban et Julia, mettons-nous, modestement, à leur service. Beaucoup de vérités sur le monde du travail sont discutées à la machine à café : entre lieux communs et fausses évidences, un tri sélectif s'impose pour braquer les projecteurs sur ce qui caractérise, vraiment, le monde du travail tel qu'il émerge sous nos yeux. Alors prenons, nous aussi, du recul et, si possible, de la hauteur.

Trois révolutions en une : du jamais vu dans l'histoire économique et sociale

Si chaque époque a été traversée par de profonds changements touchant au système productif, à l'organisation de la société et à son système de valeurs, l'ampleur des transformations actuelles est absolument sans précédent historique. Jamais dans notre histoire économique et sociale, les mutations n'auront cumulé une telle intensité, une telle complexité et une telle rapidité. Car, pour la première fois, trois révolutions majeures s'entremêlent et additionnent leurs effets. Trois révolutions en une, du jamais vu.

La première de ces révolutions est d'ordre organisationnel et elle est partiellement subie : il s'agit, bien sûr, de la révolution numérique, qui transforme en profondeur nos façons de produire et de travailler en même temps que nos vies quotidiennes. Elle modifie les chaînes de valeur à l'échelle mondiale et a donné naissance, en un temps record, à des acteurs économiques d'une taille et d'une puissance inégalées. La révolution du stockage, du transfert et de l'utilisation des données à peine digérée, un nouveau *game changer* est venu tout bouleverser : l'intelligence artificielle (IA), qui inquiète autant qu'elle fascine. L'effet d'accélération est notoire, illustré par un chiffre à moins de dix ans : un tiers des métiers sont exposés à des transformations liées à l'IA pour 50 % à 70 % de leurs tâches. À la clé, plusieurs scénarios : l'avènement d'un travailleur « augmenté », d'un travailleur remplacé ou d'un travailleur dominé par la machine. Vertigineux.

La deuxième révolution est d'ordre quasi existentiel et elle n'en est, elle aussi, qu'à ses prémices : la révolution écologique. Alors que les rapports d'expertise du GIEC ont longtemps été minimisés, plus personne ne conteste aujourd'hui ni la réalité, ni l'ampleur du problème. Que l'on plaide pour le verdissement de nos économies ou pour une forme de décroissance, nous allons devoir bâtir un nouveau modèle où l'adaptation va l'emporter sur l'accumulation, la sobriété sur la rentabilité. Une révolution conceptuelle, à rebours des préceptes de la science économique, de nos logiques productives et du puissant imaginaire de la société de consommation. L'impact sur les secteurs d'activité – de l'agriculture au bâtiment, de l'automobile à l'aéronautique – et sur les différents métiers – ceux qui vont devoir être inventés, ceux qui vont être verdis, ceux qui sont menacés – pose en filigrane la question du rythme de cette transformation et de son acceptabilité sociale. Sans en remettre en cause l'impérieuse nécessité. Vertigineux au carré.

La troisième révolution, davantage choisie que subie quant à elle, est d'ordre culturel : c'est la révolution « du sens ». Elle concerne les entreprises, sommées de se poser aujourd'hui des questions qu'elles n'auraient même pas formulées il y a seulement quelques années, celle de leur « raison d'être » et celle de leur « impact ». Non plus seulement pour réduire leur « externalités négatives », mais pour mettre leur projet d'entreprise au service d'un projet de société positif. Cette révolution, c'est l'une de ses forces motrices, passe par les salariés, qui investissent eux-mêmes leur travail d'attentes nouvelles. Autrefois synonyme d'indépendance économique et de statut social, celui-ci se doit d'être également porteur de sens, d'être source d'épanouissement et de s'inscrire dans un juste équilibre avec le reste de nos vies. Comme si le travail nous occupait moins, mais nous préoccupait davantage, comme s'il prenait moins de temps, mais plus de poids. Parce qu'elle touche à un changement en profondeur de nos représentations collectives et de nos aspirations individuelles, en un mot au sens de la vie, cette révolution culturelle est d'une ampleur au moins comparable aux deux premières. Rassurons-nous : elle est l'indice d'une certaine maturité collective et d'une volonté croissante de maintenir une ligne d'équilibre dans nos vies et de progrès dans notre société.

Au milieu de toutes ces inconnues, une chose est sûre. À la question : « Quel métier tu veux faire quand tu seras grand ? », qui dit la place centrale que le travail a longtemps occupé dans nos vies (y compris d'enfants), un gamin bien informé (mais pas forcément bien élevé) devrait répondre : « Comment veux-tu que je sache ? » Avec un peu d'aplomb, il pourrait même ajouter : « Puis y a pas que le travail dans la vie… » Car, pour la première fois de notre histoire, cette question mille fois rabâchée et mille fois entendue n'a plus aucun sens. Parce qu'un jeune qui entre aujourd'hui dans le monde du travail changera en moyenne dix fois de situation professionnelle. Parce que la moitié des métiers qui seront exercés demain par les enfants qui naissent aujourd'hui n'a même pas encore été inventée. Comment, dans ces conditions, reprocher aux jeunes générations leur difficulté à se projeter dans un futur aux contours si flous ? Bienvenue en terre inconnue.

Le travail, une « valeur » en voie de disparition ?

Alors qu'il revient du buffet avec une assiette qui trahit un clair besoin de réconfort, François, CTO de son état, tente de plaider la cause de Sylvie.

« Le problème, essaye-t-il, ce n'est pas l'attractivité de la marque employeur ou la politique RH, c'est l'état d'esprit. Nous, à 20 ans, on voulait juste bosser. Quand tu parles de la "valeur travail" à des millenials, les mecs te regardent avec des yeux "comme ça". » François est connu – et apprécié – pour sa capacité peu commune à « délivrer ». Au prix parfois, d'un moindre recul dans l'analyse.

Qu'on se rassure (ou pas), ce procès en oisiveté est un marronnier : chaque génération a toujours eu une tendance à considérer la suivante comme composée de bons à rien, ou quasiment. Sous Vichy, on pointait l'affaissement moral ayant conduit à la défaite ; en Mai 68, on couvrait de mépris ces jeunes échevelés qui occupaient la Sorbonne puis les usines et revendiquaient de vouloir « jouir sans entrave » au lieu de travailler. Vieux procès, vieille histoire.

Sacro-sainte « valeur travail » que la classe politique a toujours cru nécessaire de glorifier. Une valeur, le travail, vraiment ? La droiture, l'honnêteté, oui. La bravoure, le désintéressement, évidemment. Mais le travail... Et valeur de gauche ou valeur de droite, alors ? Si, sur le plan économique, le travail – par opposition au capital – est bien selon Marx la valeur de toute chose, sur le plan moral, il se conçoit comme un pilier de l'ordre social, a fortiori lorsqu'il est associé à la famille et à la patrie. De gauche et/ou de droite, donc, selon l'acception retenue. Disons quand même que là où la droite a toujours prétendu défendre la valeur travail, la gauche a quant à elle préféré se mobiliser pour défendre les travailleurs.

Pas question, évidemment, d'entrer dans ce genre de considérations autour de la table. À part Marc, le CRO, qui s'autorise quelques blagues sur ses parents longtemps communistes – « cocasse ! », commente systématiquement Vincent –, les opinions partisanes sont tues. D'ailleurs, la plupart des convives s'étaient largement retrouvés dans la promesse d'efficacité et de dépassement incarnée en 2017 par Emmanuel Macron. Même l'âge de sa compagne, d'abord jugé suspect, avait fini par être pleinement admis. Un Comex pondéré et ouvert.

« En tout cas, si tu cherches quelqu'un dans les bureaux à 20 heures, à part la femme de ménage, t'es à peu près sûr de croiser personne », lâche Damien, le CPO. Damien est un peu lourd mais le chablis, heureusement, est léger.

Rappelons, comme l'a calculé le sociologue Jean Viard, que le travail, qui représentait 70 % de notre temps de vie au début du XIXe siècle et 40 % au début du XXe siècle, n'en représente plus aujourd'hui que 10 %. Avec une espérance de vie actuelle de 700 000 heures (contre 400 000 au XIXe siècle), dont 70 000 passées au travail, nous avons donc substitué à une (courte) vie de labeur une vie beaucoup plus longue, ouverte à une multiplicité de temps sociaux : ceux dédiés à la famille (qui souvent se recompose et s'agrandit), aux amis (en chair et en os ou en ligne), aux rencontres amoureuses[1] (beaucoup plus nombreuses qu'hier), au sexe (réel[2] ou virtuel[3]), à l'éducation (beaucoup plus longue qu'hier), à la culture (y compris grâce à notre téléphone), au sport, au tourisme, aux loisirs, etc. Autant dire, mille vies en une. Un foisonnement inconcevable hier devenu le lot commun, ou presque.

Il est donc juste de dire que le travail n'a plus, dans nos vies, la même centralité qu'autrefois, qu'il s'agisse du temps que nous lui

---

1. À ce sujet, voir l'interview de François Kraus sur les nouvelles sociabilités sexuelles p. 171.
2. Nous sommes passés en un siècle de 1 000 à 6 000 rapports sexuels en moyenne (dans une vie, pas en une année). Pour un nombre d'enfants par femme en net recul, soit un « taux de transfo », comme on dit dans les métiers de la vente, en chute libre.
3. Le trafic enregistré sur les deux plus gros sites spécialisés au cours des cinq dernières années représente l'équivalent de 1,2 million d'années de films X visionnés. Reconnaissons, sous couvert d'anonymat, le caractère rapidement chronophage d'une telle activité.

consacrons ou de la place symbolique que nous lui octroyons. C'est ainsi que la proportion de personnes reconnaissant la place « très importante » du travail dans leur vie est passée en trente ans de 60 % à 24 %. Un recul sans précédent. Ni flemme ni paresse, mais au contraire une réaction face à des vies plus riches, plus denses, plus pleines. Qui pourrait s'en plaindre ? Une vie réussie fut longtemps synonyme de situation professionnelle gratifiante et de statut social enviable : nous n'en sommes plus tout à fait là, les voies de l'équilibre et de l'accomplissement individuels étant aujourd'hui infiniment plus diverses et entrecroisées qu'autrefois.

« Je t'arrête tout de suite, l'interrompt Sylvie (qui n'a jamais pu saquer François, de toute façon). Regarde les chiffres de notre baromètre interne : nous n'avons jamais autant bossé que ces trois dernières années. »

Entre hyperactivité collective et saturation individuelle : extension du poids du travail

Que nous consacrions 90 % de notre vie à autre chose qu'au travail n'y change rien : notre société est une société d'hyperactivité. D'abord parce que nous n'avons jamais été aussi nombreux à travailler : avec une population active d'environ 30 millions d'individus – soit son plus haut niveau historique – et avec un taux d'emploi avoisinant 70 %, nous sommes tous, ou presque, au travail. Un premier point de réassurance : à ce stade, la vague numérique, qui a réalimenté la crainte, récurrente, d'une déshumanisation de la société et d'une robotisation généralisée, n'a donc eu aucun effet négatif sur la quantité globale de travail. Précision importante, car elle touche à une révolution sociétale majeure : pour que le temps de travail individuel soit tendanciellement réduit, il a fallu le répartir différemment à l'échelle de la société. Ainsi, si les hommes passent moins de temps à la tâche – dans les champs, à l'usine, au bureau – qu'il y a deux ou trois générations, c'est grâce à l'arrivée massive des femmes sur le marché du travail. Enfin, ajoutons qu'à ce travail humain – masculin et désormais aussi féminin – s'ajoute celui de machines et d'algorithmes chaque jour plus puissants. Intelligence humaine et intelligence artificielle, en s'additionnant, dessinent les contours d'une société en tension permanente.

Cette hyperactivité a, non sans logique, alimenté un sentiment de saturation. S'exprime ainsi, en réponse, un besoin de plus en plus partagé – et ceci touche toutes les classes de la société – de ralentir le film de nos vies pour en retrouver la maîtrise. C'est l'un des paradoxes de notre époque : alors que nous disposons d'un temps libre plus important que jamais, nous souffrons simultanément d'un sentiment de saturation, d'essoufflement, de difficulté à faire face sur tous les fronts de notre vie. Parce que les femmes ont investi le travail salarié sans se libérer vraiment du travail domestique, parce que les hommes sont désireux de s'investir davantage dans les temps éducatifs et récréatifs de leurs enfants, parce que beaucoup se retrouvent confrontés à la dépendance de leurs parents et à la charge qu'elle représente, parce que les recompositions conjugales et familiales mobilisent ce fichu temps qui file entre nos doigts, parce qu'alors qu'il nous fallait rendre cet article (en retard) une énième notification de notre smartphone nous en a détournés pendant 10, non 20 minutes.

Résultat, alors que six salariés sur dix souhaitaient « travailler plus pour gagner plus » en 2008 – ne cherchez pas ailleurs les raisons de la victoire de Nicolas Sarkozy un an plus tôt –, la proportion est aujourd'hui exactement inversée : six sur dix déclarent désormais vouloir « gagner moins d'argent pour avoir plus de temps libre[1] », aspirant à ralentir le

1. Jérémie Peltier et Jérôme Fourquet : « Grosse fatigue et épidémie de flemme », novembre 2022, Ifop/Fondation Jean-Jaurès, novembre 2022.

rythme de leur vie quotidienne. Sur la période très récente, s'est répandue auprès d'une large majorité de salariés (60 %) l'impression d'une charge de travail accrue et même devenue excessive pour un quart d'entre eux. Cette tendance ne s'observe pas qu'en France, mais elle y est ressentie plus durement qu'ailleurs : une pression et une surcharge qui touche près d'un salarié français sur quatre (mais seulement un sur cinq en moyenne européenne et 14 % en Allemagne, par exemple). Le travail était hier un bien précieux; le temps est en passe de le supplanter.

Comment expliquer cet apparent paradoxe ? Parce que si le travail s'est réduit en quantité, il s'est, dans le même temps, intensifié. Si la digitalisation du monde n'a pas, à ce stade, eu d'impact négatif sur la quantité globale de travail, elle a incontestablement eu un effet sur sa qualité. Cet effet, bien connu des économistes et des sociologues, est double. D'abord à travers ce que l'on appelle une « bipolarisation » du marché du travail – et une « dé-moyennisation » de la société –, entre emplois de plus en plus qualifiés d'un côté – du développeur au *data scientist* – et « nouveau prolétariat » de l'autre, du livreur Deliveroo au magasinier Amazon. Là où la condition ouvrière était, à l'ère industrielle, porteuse de savoir-faire technique et de fierté professionnelle, elle est devenue, dans notre économie de services plateformisée, associée à des métiers dépourvus de sens et de pouvoir identificateur, à l'heure où justement nous accordons une importance toute nouvelle à ces derniers.

Ensuite parce que le travail n'est plus, aux yeux de nos concitoyens, suffisamment reconnu et gratifié. Les salariés français disent en effet souffrir d'un manque de reconnaissance au travail, en moyenne de 20 points supérieur à ce que l'on observe dans les autres pays développés (Union européenne, Grande-Bretagne, Allemagne, Italie notamment). En découle un sentiment de mal-être au travail spécifiquement français, renforcé par le manque d'autonomie dans son job. Un travers lié à notre culture soucieuse de règle, de hiérarchie et de verticalité. Du temps en plus, peut-être, mais au détriment du sens et de l'estime de soi.

« C'est quand même pas le bagne, grogne le CFO, en pleine orgie de chocolat (il s'était promis d'arrêter, mais il ne connaît pas de meilleur antistress). La moitié des équipes sont en télétravail et dans “télétravail” les gens entendent surtout “télé”. Il est marrant, Patrick, surtout pour un CFO.

Quand le travail (re)fait mal

Alors que le télétravail constitue un progrès significatif pour l'écrasante majorité de ceux qui y ont accès – un tiers des salariés à l'échelle nationale, mais près des deux tiers en Île-de-France, où il devient donc désormais la norme –, il introduit une ligne de fracture nouvelle avec les nombreux travailleurs, « postés », qui ne sauraient y être éligibles. Rupture d'égalité symbolique et organique, au détriment notamment de ces travailleurs qualifiés d'« essentiels » au moment du confinement, encensés et applaudis avant d'être oubliés. Des travailleurs – et plus encore des travailleuses – qui cumulent les conditions de travail les plus pénibles et les conditions de vie les moins favorables : du temps partiel, des plannings hachés, des temps de transport à rallonge, de la monoparentalité. La pénibilité, au travail et dans la vie, constitue leur quotidien, alimentant épuisement et ressentiment. Elles n'en ont pas le monopole pour autant. Dans une société qui a sacralisé la notion de « bien-être » – dans le travail, dans la littérature de développement personnel, dans le marketing alimentaire, le sport et la relaxation, dans le tourisme et l'hôtellerie où plus aucun établissement revendiquant un minimum de standing n'a pas ouvert son « spa » –, nous avons ici baissé la garde. Chômage de masse oblige, l'emploi s'est imposé comme priorité, au détriment du travail, délaissé dans sa compréhension et son appréhension.

À une pénibilité physique, héritée des stéréotypes des sociétés agricole et industrielle, est ainsi venue s'ajouter une pénibilité de plus en plus psychique : l'ouvrier à la chaîne a été supplanté par le manutentionnaire, l'auxiliaire de vie en Ehpad ou la caissière de grande surface qui doivent conjuguer postures physiques inconfortables et stress. Les risques psychosociaux frappent autant les cadres que les autres au point de représenter aujourd'hui un tiers des arrêts maladie[1]. La vaste enquête menée en 2023 par l'Institut Montaigne sur « Les Français au travail[2] » a notamment mis en évidence que la « charge psychologique » était en moyenne jugée encore plus intense que la pénibilité physique.

Cette pénibilité nouvelle se niche notamment – mais pas exclusivement – dans ces métiers du *back office* qu'a si bien décrits

1. Selon le « Baromètre annuel sur l'absentéisme » de Malakoff Humanis.
2. Dirigée par Bertrand Martinot et publiée en février 2023.

Denis Maillard : parce que ces métiers de la « deuxième ligne » sont pour partie invisibles, la pénibilité qui leur est associée l'est elle-même presque devenue. Comme l'écrit ce dernier, « hors de l'usine, sur les zones logistiques et dans les entrepôts, dans les hôpitaux, les Ehpad ou dans de nombreux commerces, le travail continue de faire mal[1] ». Un chiffre permet notamment d'illustrer combien la manutention des colis, la manipulation des corps, les métiers du lien ou ceux du nettoyage, qu'ils soient exercés par des femmes ou des hommes[2], ont reboosté l'usure physique, avec une multiplication par dix en trente ans des maladies professionnelles liées à des troubles musculosquelettiques. On croyait Zola enterré, il bouge encore.

Comme l'a rapporté la Cour des comptes dans un rapport récent[3], « les données

---

1. Denis Maillard, « Pénibilité, une lassitude nommée travail », Fondation Jean-Jaurès, 6 janvier 2023.

2. Avec toutefois une répartition très inégalitaire des accidents du travail et des maladies professionnelles, qui frappent bien plus largement les femmes que les hommes désormais (à 81 % pour ceux-là et 68 % pour celles-ci).

3. « Les politiques publiques de prévention en santé au travail dans les entreprises », Rapport public, décembre 2022.

disponibles montrent que les conditions de travail ne s'améliorent pas, voire s'aggravent dans certains cas », par exemple dans les secteurs du soin et de l'aide à la personne, du nettoyage et de l'intérim. Si cette comparaison dans le temps n'est donc pas favorable, elle ne l'est pas davantage dans l'espace. Ainsi, parmi les pays européens, la France se situe-t-elle en queue de peloton pour la qualité des conditions de travail : selon l'enquête menée par Eurofound, traitant du travail « soutenable[1] », la France se classe même 28e. Dès lors, faut-il s'étonner d'avoir plus d'un tiers des salariés (37 %) qui se sentent incapables de tenir dans leur travail jusqu'à la retraite[2] ?

Toutes ces données auraient sans doute été utilement portées à la connaissance du gouvernement lorsque ce dernier engagea sa dernière réforme du système de retraites, à l'hiver 2023. Avec le sentiment rétrospectif que le président de la République aura

---

1. Défini par six critères : les exigences physiques et mentales du poste, l'intensité du travail, le niveau d'autonomie, le pouvoir d'agir, la maîtrise de son temps de travail, les perspectives d'évolution et la reconnaissance au travail.
2. "Quels facteurs influencent la capacité des salariés à faire le même travail jusqu'à la retraite ?", Dares, Analyses n° 17, mars 2023.

massivement braqué l'opinion – pourtant pas hostile, dans sa majorité, au principe d'une réforme, mais d'une autre réforme – pour ne pas avoir compris ses aspirations profondes en matière de travail et de vie.

*

S'agissant de bien-être (au travail), Vincent se dit que tout le monde aura mérité une halte au spa demain matin. Une façon d'évacuer le karaoké, un brin alcoolisé, qui s'annonce. Il est 22 h 30 et tous s'apprêtent à communier sur les « Lacs du Connemara » – « De droite, Sardou ? N'importe quoi... » – comme ils en avaient déjà pris l'habitude lors de leurs soirées à HEC. Si tous ne sortent pas de la même promo, la moitié est passée par les bancs de l'école. Vincent aime s'entourer de personnes bien formées et, comme beaucoup, se sent rassuré lorsque ces dernières lui ressemblent.

Ce séminaire n'est qu'une étape, mais elle compte à ses yeux : il se sait sur le grill. De ses actionnaires, bien sûr, qui, malgré les crises, malgré le climat, n'ont pas le moins du monde relevé leur indulgence et réduit leurs exigences. Mais, depuis ces six années passées à la tête de l'entreprise, il a appris à composer avec eux, à les rassurer, à les séduire même.

Non, depuis quelque temps, ce qu'il redoute le plus, c'est le jugement de plus en plus sévère de ses propres enfants. Du haut de leurs 22, 19 et 14 ans, ce modèle de réussite qu'il avait cru incarner, ils ne se contentent pas de le challenger, ils le critiquent ouvertement, non sans virulence parfois. Certains jours, Vincent se demande même s'ils ne le méprisent pas. Aucun père ne veut cela, même avec la contrepartie d'une propriété cossue au cap Bénat ou au cap Ferret. Ils n'en sont pas à balancer du ketchup sur un Van Gogh, mais ils demandent des comptes et exigent des actes. Y compris de leur père.

Et puis, il y a Nadia. Il n'a pas encore tout plaqué pour elle – dans quelques semaines, il le lui a promis, le temps nécessaire pour ne « pas humilier la mère de ses enfants » –, mais il n'a besoin de rien autant que de l'admiration de cette femme – c'est la bonne, il le sait – avec laquelle il s'apprête à refaire sa vie. Cette femme tout aussi intransigeante que ses trois enfants quant à sa responsabilité de dirigeant, à l'impact des décisions qu'il prend sur l'équilibre de ses collaborateurs (et plus encore de ses collaboratrices) et celui de la planète. « Joue ton rôle ! », l'enjoint-elle régulièrement.

Vincent n'avait pas imaginé changer de vie ni de changer le monde. Mais le monde est là et la vie, n'est-ce pas précisément ce qui vous rattrape alors que vous étiez en train de prévoir autre chose ? Y compris dans l'Oise, au Chateauform de Neuville-Bosc.

Il est 20 heures, l'heure du stand-up

La République par le rire

Mathieu Souquière

Sous l'impulsion d'une nouvelle génération d'humoristes, les Comedy Clubs ont proliféré ces dernières années. Féminisé et diversifié, l'humour raconte une nouvelle France, plus fédérée qu'on ne le pense.

Elle monte sur scène et se lance. Elle n'a pas peur. D'abord parce qu'il n'y a pas vraiment de scène ni de délimitation avec la salle. Ensuite parce que cette dernière est à peine plus grande que le salon de l'appartement familial, pourtant très exigu. Et puis, elle n'a pas froid aux yeux : dans son quartier, en vingt ans, elle en a vu d'autres. Si le climat y inhibe certaines filles, il endurcit les autres et Samira se range dans la seconde catégorie. Elle a la vanne facile, très facile même, et, à quelques exceptions près qui auraient pu lui coûter cher, ça a toujours été une arme.

Même au lycée, où sa tchatche et son sens de la répartie avaient été vite repérés par Monsieur Lacombe. Comme prof de français, elle l'aimait beaucoup, mais comme responsable du club de théâtre, elle l'adorait. C'est lui qui avait incité Samira à se rapprocher de la ligue d'improvisation, vite devenue comme une seconde famille pour elle. Elle y a gagné en assurance, en talent, en amitiés, mais, plus important encore sans doute, en perspectives. Comme une brèche ouverte et une autorisation à se projeter, peut-être même à rêver.

Elle ne sait pas où tout cela la mènera, mais elle s'accroche et, surtout, elle y prend du plaisir. Demain est une autre affaire, car ce soir, comme les précédents, il va falloir séduire et faire rire son public. Elle a peu de temps pour cela : 8 minutes – « fais ton temps », lui a dit le patron de ce Comedy Club, situé à moins de 40 minutes de chez elle en RER. Le public, qui profite de l'Happy Hour, est assis mais pas acquis. 8 minutes, c'est à la fois interminable et si rapide.

*

L'affaire semble entendue : le rire est une chose sérieuse et, comme toute chose sérieuse, le rire serait victime de notre époque. Victime de la « bien-pensance » et des phénomènes de censure et d'autocensure associés – *Charlie* en a payé le prix fort. Victime d'une forme de repli sur soi qui est aussi une forme d'entre-soi. Résultat, un humour qui serait devenu aseptisé – « on ne peut plus rire de rien » – et communautarisé – nous conduisant à rire davantage contre les autres qu'avec les autres. Un humour à tout le moins segmenté et segmentant: pour preuve, le carton provincial du film *Les Bodin's en Thaïlande* en 2021 totalement ignoré à Paris. Deux humours masquant – ou au contraire dévoilant – deux France irréconciliables. Comme si l'humour n'avait pas toujours été un marqueur social et comme si, hier, la France de Raymond Devos et celle de Fernand Reynaud n'avaient pas déjà des sociologies opposées… Un tableau donc qui, en première approche, ne donnerait assurément pas envie de rire.

Cette lecture à plat – pour ne pas dire plate –, il est possible et souhaitable de lui redonner un peu de relief en lui faisant suivre les bosses du temps. Convoquons l'historien qui, comme souvent, nous est d'un précieux concours: « Le rire est d'autant plus objet d'histoire qu'il est emblématique d'une société, d'une époque et constitue un de ces "objets globalisants" […]. Dis-moi si tu ris, comment tu ris, pourquoi tu ris, de qui et avec quoi, avec qui et contre qui, et je te dirai qui tu es », écrivait Jacques Le Goff dans un article des *Annales* de 1997[1].

Suivons ses recommandations, mais pas besoin d'enjamber les siècles pour observer ce qu'un système de valeurs a d'évolutif : à la seule échelle d'une génération, on voit combien le curseur est conduit à se déplacer entre ce qui est permis et ce qui ne l'est pas, entre ce qui, pour notre affaire, relèverait d'un « bon » ou d'un « mauvais » rire.

Limitation du domaine du rire ?

Si le rire nous ressemble et nous rassemble, voyons succinctement sur quelles bases. L'auteur de ces lignes, comme tout lecteur qui aurait quelques souvenirs enracinés dans la France de Mitterrand, ne peut se remémorer les sketchs de Michel Leeb sans une forme de gêne ou de honte, a minima d'incompréhension. Ses imitations de l'« accent africain » (?) ou de l'« accent chinois » (?) firent de lui un humoriste à succès, l'un des plus populaires de son époque, notamment encensé pour ce qui constituait une sorte de « plat signature » : « Ce ne

1. Jacques Le Goff, « Une enquête sur le rire », *Annales, HSS*, mai-juin 1997, n° 3, pp. 449-455.

sont pas mes lunettes de soleil, ce sont mes narines » – à prononcer avec un quadruple « r », pour faire « africain » –, réplique culte lancée devant un public hilare. À la même époque naissait SOS Racisme, dont chacun portait le pins en forme de main jaune, au génial slogan « Touche pas à mon pote », mais ces deux réalités pouvaient manifestement cohabiter sans se télescoper.

Une époque où le tandem formé par Jean Poiret et Michel Serreau, acteurs français parmi les plus talentueux, se pavanait sur scène en singeant des « folles », émus aux larmes devant une biscotte brisée dans un hurlement hystérique censé coller à l'idéal-type de l'homosexualité masculine. Une époque bientôt enrichie de l'apport, majeur, de Jean-Marie Bigard et de son « lâcher de salopes », capable de remplir le Stade de France. Une époque donc que nous chérissons avec nostalgie, vue comme une sorte de paradis englouti, alors qu'elle nous divertissait en actionnant des ressorts qu'il semble rétrospectivement difficile de ne pas qualifier de raciste, d'homophobe et de sexiste.

Faut-il voir, derrière nos préventions actuelles, la tyrannie du politiquement correct en même temps qu'un penchant liberticide vis-à-vis de la création ? Une progression de l'interdit dans une société de plus en plus pudibonde ? Ou, plus tranquillement, une progression des droits et du respect dus à toutes les composantes de la communauté nationale ? Ne nous flagellons pas outre mesure pour hier et réjouissons-nous, pour aujourd'hui, d'une forme de maturité collective et d'une plus grande considération enfin portée à l'autre.

Ou omniprésence du rire ?

Si certains sujets ne prêtent plus – du tout – à plaisanterie, il serait faux d'en déduire un recul du rire dans notre société. Politesse du désespoir ? Dans un pays décliniste comme le nôtre, soumis à des taux de suicide et des chiffres de consommation d'antidépresseurs glaçants, où rien donc ne prêterait à rigoler – qui s'y risquerait alors que l'effondrement nous guette ? –, le rire semble au contraire partout. Sur les petits écrans, mais aussi sur les grands. Sur les ondes même, dès potron-minet.

On ne parle pas de Rires & Chansons, station dédiée à la cause depuis sa création en 1989, mais du service public à ses heures de plus grande écoute : l'école France Inter, qui séduit autant qu'elle agace, mais dont les cartons d'audience révèlent l'appétence de son propre public pour les facéties de Charline Vanhoenacker, Alex Vizorek,

Paul Mirabel, Marina Rollman, etc. Une programmation qui a contribué à la fois à la consolidation de l'audience de la station, mais aussi à son rajeunissement et incité France Inter à développer une pépinière de jeunes humoristes, partant de l'idée qu'en complément du décryptage journalistique, ces derniers étaient les chroniqueurs talentueux de l'époque, capables de donner du sens à celle-ci. Une intelligence et une intelligibilité de la société par l'entremise de celles et ceux qui se chargent de la distraire.

Ainsi, le divertissement s'est-il progressivement immiscé jusque dans les éléments de programmations les plus sérieux, pour contribuer à en rythmer la cadence et à en doper l'audience. Quelle émission de télévision n'a pas aujourd'hui sa chronique décalée ou son clown de service pour mettre les rieurs de son côté ? Si bien que tout finit par ressembler à une vaste blague : les émissions de Laurent Ruquier ou Thierry Ardisson hier, celles de Yann Barthès ou Léa Salamé aujourd'hui, de l'humour pionnier qui fut autrefois la marque de distinction de Canal+, mêlant blagues potaches et dérision branchée, aux grilles de France Télévisions et de TF1, désormais acquis à une forme de « coolitude », en passant par la multiplication de capsules humoristiques en access prime time – de « Chouchou et Loulou » hier à « Scènes de ménage » aujourd'hui – rassemblant chaque soir plusieurs millions de téléspectateurs, le rire semble avoir pris le pouvoir partout, aux heures de plus grande écoute.

Et même si, depuis le covid, le cinéma vit une crise existentielle marquée par la concurrence de plateformes de plus en plus nombreuses, nos comédies populaires résistent largement aux blockbusters américains et demeurent de solides piliers du box-office de ces dernières décennies. Sur la trentaine de films ayant dépassé les 10 millions d'entrées, un tiers sont des comédies, de *La grande vadrouille* à *Astérix et Obélix: Mission Cléopâtre*. Sur les 2e et 3e marches du podium avec 20 millions d'entrées, *Bienvenue chez les Ch'tis* et *Intouchables*, sortis l'un et l'autre au cours des quinze dernières années, montrent que la tendance ne se tarit pas. Une époque de passions tristes faite donc de beaucoup d'éclats de rire, constitutifs d'une culture de masse aux ressorts les plus fédérateurs, consacrant les deux comédies précitées comme de véritables odes à la différence et à la tolérance.

Enfin, la chaîne technologique suit bien la chaîne de l'humour: les écrans de nos tablettes et smartphones ne sont pas en reste maintenant que YouTube, Twitch et les réseaux sociaux sont devenus les nouvelles places fortes de l'humour. Ceux qui y officient sont aussi jeunes que leurs audiences sont folles : ces streamers, souvent issus de banlieue, ont entre 20 et 30 ans, ils s'appellent Domingo, Maxime Biaggi, Amine, Billy ou Squeezie et leurs vidéos peuvent faire plusieurs millions, voire plusieurs dizaines de millions, de vues. Totalement absents de la scène et de la télévision, ces derniers se sont vu offrir par Internet une rampe de lancement en même temps qu'une vitrine sans égale. Un humour digitalisé et exponentialisé.

La révolution du stand-up

Mais la scène n'est pas morte pour autant, bien au contraire, et vient même de vivre une incroyable renaissance. Bien sûr, il y eut l'effervescence du café-théâtre, qui vit dans les années 1970 une ribambelle de troupes – la plus célèbre demeurant pour toujours celle du Splendid – dépoussiérer le spectacle vivant. Mais que pèse-t-elle comparée à celle, bien plus récente, des « scènes ouvertes » qui ont émergé depuis une quinzaine d'années, dopées par le phénoménal succès de Jamel Debbouze et de son incontournable Comedy Club ? Depuis le lancement de ce dernier, en

2006, les représentations humoristiques ont explosé – pour être précis, elles ont triplé –, atteignant aujourd'hui le nombre, inédit, de 20 000 par an. Soit une centaine par soir ouvrable dans tout le pays, où trois spectacles sur dix sont désormais des spectacles comiques.

La France, un pays prétendument dépressif, mais qui, manifestement, se marre comme jamais en ayant massivement succombé à la mode du stand-up. Un modèle simple, importé des États-Unis, où l'on vient tester ses vannes en direct devant le public, souvent en interaction étroite avec ce dernier, multipliant blagues absurdes et anecdotes personnelles. Une conjonction de deux facteurs favorables : avec le modèle du stand-up, il devient très facile de jouer devant un public ; avec celui des réseaux sociaux, il le devient tout autant de se faire repérer. Autrefois inaccessible, la scène, pour beaucoup, est désormais à portée de vannes. Si les élus sont peu nombreux – le talent, le travail et la chance ne jouent pas moins qu'hier –, les prétendants peuvent en tout cas se compter. Et, parmi les humoristes installés aujourd'hui, la plupart y ont fait leurs classes : Mathieu Madénian, Kyan Khojandi, Claudia Tagbo, Haroun, Kheiron, Roman Frayssinet…

On pourrait croire ce phénomène avant tout parisien : le « Paname », au cœur du Paris bobo, est assurément la première vitrine de ce monde et l'eldorado pour tout stand-upper en herbe. Mais la tendance est en réalité bien plus profonde et puissante : les villes de province et de banlieue – Bordeaux, Lyon, Lille, Saint-Denis... –, où se joue la moitié des représentations, ont bien été embarquées par la vague. Qui sait qu'il existe un Angers Comedy Club qui fait salle comble chaque soir ou presque ? Et le Micro Comedy Club de Nantes ou le Garage Comedy à Marseille ? Une offre pléthorique d'un côté, une demande au plus haut, de l'autre : la magie du marché semble opérer dans le monde merveilleux de l'humour, à condition que les soutiers de la vanne n'aient pas l'ambition de devenir riches, tout de suite en tout cas. Car l'économie du stand-up repose sur une logique de sélection longue et ardue avant de voir les rires du public se traduire en euros sonnants et trébuchants.

Le stand-up a en tout cas mis à l'honneur de nouveaux acteurs et de nouveaux sujets : une France « de la diversité », comme l'on dit – avec Gad Elmaleh et Jamel Debbouze comme pères fondateurs – actionnant des ressorts humoristiques différents de leurs prédécesseurs, car puisant dans leur vie de tous les jours, se moquant d'eux-mêmes en même temps que de la société et des stéréotypes alimentés par cette dernière à leur endroit. Un humour à résonance indirectement politique, à travers ce qu'il donne à voir d'une partie de la société jusqu'alors invisibilisée et d'une représentation nouvelle des catégories populaires, de leur quotidien, de leurs attentes jusqu'alors absentes de l'univers du show business : une mise en scène de la France « des quartiers » par elle-même, à laquelle les autres France applaudissent désormais à l'unisson et à tout rompre. Grâce, parfois, au relais des séries télévisées, le succès aura progressivement consacré tout un nouveau vivier composé d'Éric et Ramzy, d'Omar Sy à Ahmed Sylla, de Fabrice Eboué à Fary. « La France se nomme diversité », écrivait Lucien Febvre, cité par Fernand Braudel en exergue de son *Identité de la France*[1] ; la scène humoristique en offre aujourd'hui sa galerie de visages.

Le rire au féminin

Thierry Le Luron, Coluche, Patrick Sébastien, Guy Bedos, Michel Leeb, Stéphane Collaro, Philippe Bouvard, Laurent

1. Fernand Braudel, *Identité de la France*, Paris, Flammarion, 2011.

Ruquier, Laurent Gerra, Jean-Marie Bigard et les autres. Elles avaient, quant à elles, l'habitude d'être costumière, maquilleuse ou décoratrice. Et puis un jour, elles sont enfin sorties des coulisses pour prendre leur part de lumière. Les pionnières se nommèrent Sylvie Joly, Muriel Robin et Valérie Lemercier, Michèle Laroque et Florence Foresti, puis la liste n'a cessé de s'allonger. Pas de quota ni de parité réglementaire : la société, pour une fois, a fini par faire le boulot toute seule, grâce au rôle modèle des premières.

Celles qui incarnent aujourd'hui l'humour au féminin l'ont aussi fait dévier : là où leurs prédécesseurs masculins croquaient la société et s'intéressaient à la politique, elles aussi construisent leurs sketchs sur des tranches de vie quotidiennes, leur condition de trentenaires désenchantées, riant d'elles-mêmes, de leurs déboires sentimentaux, de leurs désillusions sexuelles et de leur maternité, de leur charge mentale et de leurs règles, tout y passe. Rire d'un quotidien aussi drôle qu'il est peu « glamour » : de Blanche Gardin à Nora Hamzawi, d'Alison Wheeler à Marina Rollman, de Swann Périssé à Marine Leonardi, de Rosa Bursztein à Elena Nahapetyan, toutes incarnent un élan à la fois introspectif et émancipateur, racontant avec une liberté de ton nouvelle ce qui autrefois était tu. La vague LGBTQIA+ n'est pas en reste : autrefois portée par feu le Barbès Comedy Club, elle s'incarne aujourd'hui dans les spectacles de Lou Trotignon, Mahaut ou Noam Sinseau. L'humour a ainsi cessé d'être une chasse gardée masculine et les femmes ont enfin le droit, non plus seulement de sourire comme le leur intimaient tous les manuels de savoir-vivre du passé, mais de rire et de faire rire.

Le rire populaire

Cette place nouvelle du rire, plus divers, plus féminin, plus quotidien, plus populaire a fini par s'inviter au sommet de nos représentations nationales, c'est-à-dire en tête du palmarès des personnalités préférées des Français : longtemps monopolisées par des figures d'engagement consensuelles – masculines et blanches, ajouteraient certains –, comme le Commandant Cousteau, l'abbé Pierre, Jean-Jacques Goldman ou Nicolas Hulot, les premières places ont fini par échoir à cette nouvelle génération d'humoristes nés de l'autre côté du périphérique – voire de la Méditerranée –, avec Omar Sy, Gad Elmaleh ou Jamel Debbouze. Ce dernier, autant apprécié par les cadres que par les ouvriers, est ainsi devenu un véritable élément de patrimoine. En contrepoint des discriminations du quotidien que subissent certaines minorités dans notre société, voici une sacralisation symbolique inédite.

Mieux – ou pire ? –, Raphaël Llorca[1] a pu montrer, enquête d'opinion à l'appui, que cette catégorie d'humoristes avait même fini par supplanter les représentants politiques dans leur capacité à inspirer et incarner une forme de récit national. Ce qui, en creux, dit la place que la culture française consacre à l'humour, perçue comme une forme supérieure de l'esprit, un ressort de transgression capable de contester le pouvoir – même symbolique – des puissants et de générer des poussées d'émotions positives partagées. Rire ensemble n'est-ce pas déjà, assurément, démontrer une réelle capacité à vivre ensemble ?

Voilà où nous sommes rendus. « Grand phénomène de sociabilité, le rire forme et défait les liens à l'intérieur de groupes et joue un rôle prépondérant dans des stratégies sociales, culturelles ou même politiques. C'est un instrument de cohésion, de défense, d'attaque dans des conditions historiques précises », poursuivait Jacques Le Goff.

1. Raphaël Llorca, *Le roman national des marques. Le nouvel imaginaire français*, La Tour-d'Aigues, l'Aube, 2023.

Wittgenstein lui-même ne décrivait-il pas l'humour comme une *Weltanschauung*, une manière de voir le monde ? Qu'en serait-il de la nôtre, s'agissant d'un humour dont les têtes d'affiche auront longtemps été exclusivement masculines, jouant de relents rétrospectivement douteux, soit l'humour d'une époque qui autorisait manifestement à rire de tout – et même de n'importe quoi – avec tout le monde ? Un humour passé de Michel Leeb et de ses clichés racistes aux figures de la diversité et du Jamel Comedy Club. En résumé, un rire devenu omniprésent dans la société, au service d'une meilleure intégration et reconnaissance des « minorités », d'une plus grande égalité entre les femmes et les hommes, d'une représentation nouvelle des catégories populaires. Un humour plus « républicain », en somme ?

*

Il est 20 h 08. Samira était en forme ce soir. L'adrénaline est à son max, galvanisée par les rires et les applaudissements du public. Un verre, puis un deuxième – jamais d'alcool –, avant de sauter dans son RER. Pour une fois, il est à l'heure. Pendant que la ville, de moins en moins triste à ses yeux, défile devant elle, son esprit vagabonde :

8 minutes de bonheur, c'est fou, ça passe en une seconde et, en même temps, ça semble gravé en soi pour l'éternité. Elle trouve ça marrant[1].

1. L'auteur présente ses excuses aux lecteurs d'avoir été, contrairement à Samira, si peu drôle dans son propos. Mais on ne peut définitivement pas rire de tout et certainement pas de l'humour.

Il est 20 heures, l'heure du dîner

Un rituel social en transition

Axel Salmon & Manon Fleury[1]

Les Français et la bouffe, c'est une histoire d'amour. Mais le repas a changé : il est devenu une « expérience émotionnelle » très politique.

« La vie de la ménagère serait certainement simplifiée si la « pilule quotidienne » dont les savants ont tant parlé, finissait par être réalisée. Mais l'existence perdrait aussitôt un de ses principaux attraits[2]. »

Ainsi parlait Ginette Mathiot, inspectrice générale d'enseignement ménager de la ville de Paris, dans son introduction au

1. Manon Fleury est cheffe du restaurant Datil à Paris.

2. Ginette Mathiot (Inspectrice générale d'enseignement ménager de la ville de Paris), *Je sais cuisiner*, Paris, Albin Michel, 1932.

chapitre « l'art culinaire » de son *Je sais cuisiner*[1], édition de 1932. Plus de quatre-vingt-dix ans plus tard, la « pilule alimentaire » n'a toujours pas supplanté en France le rituel du dîner et, à 20 heures, beaucoup d'entre nous sont à table ou viennent tout juste de la quitter.

Le dîner, un repère patrimonial, un rituel social

« Pendant des millénaires, on a mangé n'importe où et n'importe quand, lorsque la nourriture était disponible ; puis à des heures de plus en plus stables, en fonction de la venue du jour et de la nuit[2]. » Avec la sédentarité est venu le rituel du repas, imprimant son rythme à la journée. Sous nos latitudes, comme le précise Jean-Daniel Lévy dans son enquête Harris Interactive/Cetelem (2024) « pour l'immense majorité des Français, quoi qu'il en soit, le repas est respecté. » Respecté. Car dépassant pour beaucoup la seule nécessité biologique. Dans ses *Sociologies de l'alimentation*, Jean-Pierre Poulain rappelle que « manger est un acte social, plus encore, un

1. *Ibid.*

2. Jacques Attali, *Histoires de l'alimentation*, Paris, Pluriel. 2019.

“événement social” central, dans la vie familiale comme dans la vie publique[1] ».

Un moment particulièrement sacralisé en France, sensiblement plus long que dans d’autres pays occidentaux. En 2019, les Français passaient en moyenne 2 h 11 par jour à table, soit beaucoup plus que la moyenne des pays de l’OCDE (1 h 31 par jour)[2]. Pratique sociale coutumière qui célèbre « le fait d’être bien ensemble, le plaisir du goût, l’harmonie entre l’être humain et les productions de la nature », le « repas gastronomique français », est d’ailleurs inscrit depuis 2010 sur la Liste représentative du patrimoine culturel immatériel de l’humanité par l’Unesco. Une Fierté culturelle et un levier économique pour un pays à l’art et à la douceur de vivre admirés dans le monde entier au point d’être, et de rester, la première destination touristique mondiale.

Et c’est en moyenne à 19 h 20 que la France se met à table, pour un repas pris pour 97 % à domicile et en compagnie, pour

1. Jean-Pierre Poulain, *Sociologies de l’alimentation. Les mangeurs et l’espace social alimentaire*, Paris PUF, 2017 (quatrième édition).

2. Simon Borel et Guénaëlle Gault, « La France à table : les mutations de l’alimentation », Fondation Jean-Jaurès, 2022.

les deux tiers d'entre eux. « Se retrouver » (du moins en un lieu et à une heure), mais autour de quoi ? Au-delà de l'acte social, que peut nous dire l'assiette des Français sur la société française ?

Le regard de Manon Fleury

On reste en France un pays où on s'attable, où les moments des repas sont fixes – c'est cette pratique sociale, avec une certaine scénographie et un enchaînement cadencé de l'apéritif au digestif qui a placé le repas des Français au rang de patrimoine culturel immatériel de l'humanité à l'Unesco.

On le voit au restaurant avec la clientèle internationale qui vient également chercher cet aspect spécifique de la culture française, et qui tient à ce cérémonial. C'est ce que l'on a voulu célébrer en créant Datil : nappes, céramique artisanale, ballet des verres et des assiettes, lien à l'histoire des produits et au terroir du restaurant.

Les Français sont au rendez-vous du dîner partagé, parce que le plaisir reste un objectif à atteindre à la fin de sa journée. C'est une récompense, un moment où l'on revient à la vraie vie. C'est la marque d'un cadre de vie sur lequel on ne transige pas, une certaine idée de l'équilibre vie professionnelle/vie personnelle… S'attabler, c'est prendre le temps de manger, savourer, de manger chaud, avoir davantage l'opportunité de manger mieux, plus équilibré, plus varié.

De nouveaux espaces-temps alimentaires

L'incroyable diversité alimentaire aujourd'hui à la portée des Français est un fait historique inédit. Leur assiette s'est mondialisée. Le progrès des techniques de conservation, de conditionnement, de transport, permet aux aliments de voyager à grande vitesse.

La consommation de produits rares et lointains est longtemps restée l'apanage de l'aristocratie d'Ancien Régime (comme les épices rapportées par les marchands au prix de mille dangers) et lui permettait d'affirmer son statut social. La vanille, la cannelle, mais également l'avocat, l'ananas, le kiwi, les crevettes, le saumon (plus gros poste d'importation nette de la France avec un déficit de 173 000 tonnes annuelles majoritairement en provenance de Norvège[1]) sont devenus en quelques décennies des aliments de consommation courante, déconnectant le consommateur de son univers bioculturel.

À l'inverse, l'attrait du local n'a ainsi jamais été fort, des circuits courts et du direct producteur, permettant d'articuler santé, qualité perçue et moindre impact sur l'environnement. Ainsi, les marchés, achats directs chez l'exploitant ou développement des réseaux

1. Solagro, *Le pouvoir de notre assiette*, Paris, Utopia, 2023.

de type AMAP, comme une réponse aux angoisses liées au développement de l'industrialisation alimentaire, dans un contexte où l'attrait pour la cuisine n'a jamais été aussi fort et ses professionnels autant starifiés.

Le regard de Manon Fleury

L'alimentation est indiscutablement plus ouverte sur le monde. On le voit dans les aliments (algues, congee, céréales, même si la France reste très attachée au triptyque pain-riz-pâtes), dans les textures (gluant), le goût (umami). Le repas devient une expérience émotionnelle. Une expérience célébrée. Aujourd'hui, la food fait déplacer les foules. Les food courts ont remplacé les centres commerciaux : la recherche de nouvelles propositions culinaires devient une raison suffisante pour se déplacer. Là où on allait chez H&M ou la Fnac le samedi, on se déplace désormais pour déguster un banh mi, un taco ou un burger.

Notre alimentation est le miroir de transformations sociétales plus larges. Elle évolue avec les usages et les envies. Le rituel garde sa vocation sociale, mais ses modalités peuvent évoluer pour faire émerger de nouvelles expériences : on brunche, on fait des apéritifs dînatoires, on apprécie de pouvoir trouver une table en dehors des heures traditionnelles, on voit des lieux de restauration qui servent toute la journée et accueillent des travailleurs nomades, des lieux spécialisés dans un seul plat, où l'on mange au comptoir ou seulement à emporter, les horaires sont aménagés pour davantage prendre en compte la vie privée des professionnels. Chez Datil, par exemple, nous assumons de fermer le week-end.

Un nouvel imaginaire de l'alimentation

Ce qui est en question aujourd'hui, c'est la remise en cause du pacte productiviste passé entre le monde agricole et la nation française au sortir de la Seconde Guerre mondiale, dans un contexte de privation. Le passage d'une société de pénurie à une société d'abondance.

L'autoproduction alimentaire, devenue un particularisme rural ou une activité de loisir, a cédé la place à une production agroalimentaire de masse, rendue nécessaire en France par l'accélération de l'inversion du rapport entre population urbaine et rurale à partir des années 1930. Production, transformation et commercialisation alimentaires ont ainsi vu l'aliment devenir marchandise, objet de consommation soumis à la loi des linéaires et du marketing. L'aliment brut s'est éloigné du mangeur, désormais noyé sous une avalanche de dizaines de milliers de références, singularisées par autant de promesses publicitaires.

Mais l'abondance a perdu sa bataille culturelle. De scandales sanitaires en rejet de la « malbouffe », l'imaginaire industriel est devenu suspect, voire mortifère. De même que le progrès devient progressivement anxiogène, nourri de récits dystopiques, la standardisation et la massification des processus de production alimentaires a créé une défiance dans l'opinion, générant différentes réponses socioculturelles. « Fini le progrès univoque et positif, celui-ci porte désormais atteinte à la santé et à la sécurité[1]. »

Se dessine alors une situation inédite, entre ceux qui craignent de manquer de nourriture et ceux qui craignent une nourriture abondante à portée de main. Ainsi, 63 % des Français pensent qu'aujourd'hui les produits alimentaires « sont remplis de substances nocives ». Une suspicion renforcée par le procès fait à l'élevage industriel et la culture maraîchère intensive, amenant 85 % des Français à estimer que l'élevage industriel est mauvais pour l'environnement[2].

1. Simon Borel et Guénaëlle Gault, « La France à table », 2022, art. cité.

2. « L'Observatoire du rapport des Français à la qualité et aux éthiques dans l'alimentaire », L'ObSoCo, 2021.

Un danger perçu à court et long terme. Une anxiété alimentaire et une perte de maîtrise sur l'aliment consommé qui invite la question de la santé au cœur du débat, comme l'illustre l'explosion de la pratique sportive individuelle et l'évolution de certaines pratiques alimentaires.

Carences et excès

Peut-on évoquer le sujet de l'alimentation sans rappeler que, selon les Nations unies[1], 9,2 % de la population mondiale souffre de faim chronique, c'est-à-dire n'a pas accès à une alimentation suffisante pour mener une vie active (contre 7,9 % en 2019) ? L'insécurité alimentaire, le fait de ne pouvoir bénéficier de façon régulière d'une alimentation adéquate (réduction des portions, sauts de repas, alimentation déséquilibrée…), touche quant à elle 2,4 milliards d'individus, soit 29,6 % de la population.

Quelques degrés de la *Rota Fortunae* plus loin, on se tue par excès de nourriture. D'après l'OMS, l'obésité chez les adultes a plus que doublé à l'échelle mondiale depuis 1990 et quadruplé chez les adolescents. La France ne fait pas exception, avec 7 millions d'adultes,

1. Rapport des Nations unies sur la sécurité alimentaire mondiale, publié le 12 juillet 2023.

soit un sur sept, concernés et 50 % d'adultes en surpoids. Le développement de la « maladie du soda » ou « maladie du foie gras » sur le territoire national en est une preuve : la stéatohépatite non alcoolique (ou NASH), inflammation du foie qui se déclare lorsque l'organe se trouve contraint de stocker sous forme de graisses la surabondance de sucre qui lui parvient, toucherait déjà, d'après l'Institut national de la santé et de la recherche médicale (INSERM), près de 200 000 personnes en France.

Vers une révolution alimentaire

Quelque part entre suspicion et fascination, carence et excès, la transition alimentaire est en marche. Elle concernerait déjà près de 45 % des Français[1]. L'impact – sur la santé, sur l'environnement – sera le point pivot de ces évolutions, qui prennent plusieurs formes.

20 heures, l'heure de manger différemment, donc ? Manger différemment, c'est avant tout manger plus sain, manger « mieux », être attentif, au-delà du plaisir, de la saveur, de l'imaginaire ou de l'expérience, aux conséquences de l'alimentation sur sa

1. Simon Borel et Guénaëlle Gault, « La France à table », 2022, art. cité.

santé. Ainsi « bien manger », pour 49 % des Français, signifiait « manger équilibré », selon les chiffres de l'ObSoCo publiés en décembre 2021[1], en progression de 8 points par rapport à 2019. Tendance qui se matérialise dans la forte progression du bio depuis plusieurs années en France, avec neuf Français sur dix en ayant consommé en 2020, dont 13 % tous les jours.

Manger mieux, c'est également manger moins. De la réduction des quantités à la frugalité comme hygiène de vie ou acte militant, jusqu'au jeûne purificateur, l'approche séduit au-delà des plus sensibilisés aux questions de santé, d'impact environnemental ou de réalisation spirituelle. Toujours selon l'ObSoCo, 81 % des Français pensent que « nous pourrions vivre en mangeant beaucoup moins ».

Manger moins de façon globale ou sélective. Au premier rang des aliments en recul, la viande, et notamment la viande rouge. « Manger moins de viande » sur notre belle terre de France, que voilà une idée bien fantaisiste. Déjà Polybe, historien grec du IIe siècle avant notre ère, cité par Jacques

1. Chiffres ObSoCo, Observatoire du rapport à la qualité et aux éthiques dans l'alimentation, décembre 2021.

Attali dans ses *Histoires de l'alimentation*[1], disait des Gaulois qu'ils mangeaient plus de viande qu'aucun autre peuple européen. Au-delà de toute considération nutritive, la viande nourrit un imaginaire millénaire. La viande, c'est le plat de l'homme puissant, comme le rappelait Roland Barthes en décryptant le « Bifteck frites » dans ses indispensables *Mythologies*[2] : « Le bifteck participe à la même mythologie sanguine que le vin. C'est le cœur de la viande, c'est la viande à l'état pur et quiconque en prend s'assimile la force taurine. »

Que ce soit pour des raisons éthiques, sanitaires ou environnementales, la France devient, doucement mais sûrement, « flexitarienne ». Les Français réduisent leur consommation de viande rouge. Leur part dans la société française est passée de 7,7 % en 2016 à 14,9 % en 2021, et 27,6 % affirment l'envisager dans un avenir proche[3]. Si les autres sources de protéines animales

1. Jacques Attali, *Histoires de l'alimentation*, 2019, *op. cit.*

2. Roland Barthes, *Mythologies*, Paris, Seuil, 1957.

3. Chiffres ObSoCo, Observatoire du rapport à la qualité et aux éthiques dans l'alimentation, décembre 2021.

stagnent voire augmentent pour la volaille, et si les régimes sans viande (végétarien, végétalien et végan) ne concernent encore que 5 % de la population, la consommation de viande rouge diminue donc tendanciellement, en particulier chez les femmes, les urbains, et les personnes sensibles à l'environnement ou la cause animale.

Le regard de Manon Fleury

Au restaurant ou à la maison, les codes traditionnels sont progressivement réinterprétés au rythme de ces évolutions : la cuisine de saison est de plus en plus la norme et les plats végétariens sont davantage valorisés.

Mon restaurant est un espace de conviction et d'expérimentation, forcément en résonance avec ces dynamiques. Dans mon travail, j'essaie de faire passer des messages avec ces émotions assumées face à une assiette, par une cuisine hyper-saisonnale, s'appuyant sur des produits de la France hexagonale, par une prime au circuit court. Nous nous sommes entourées de producteurs, maraîchers, éleveurs ou pêcheurs nous permettant d'avoir des approvisionnements qui ont du sens pour nous. Au final, l'assiette se fait plus végétale, moins grasse, dans un nouveau rapport animal/végétal, où le végétal n'est plus une simple garniture et la protéine animale se fait de plus en plus condiment.

L'alimentation politique

Derrière ces constats, émergent de nouvelles dynamiques politiques et identitaires et se dessinent les lignes de partage, entre féminisme et masculinisme, militants et nostalgiques, exploitées par les relais d'opinion et influenceurs de tous bords, parfois de façon caricaturale ou outrancière. Masquant souvent le fait qu'il y a autant de régimes alimentaires choisis que subis. Car si l'alimentation est une ligne de fracture idéologique, elle est surtout une ligne de fracture économique, sociale et culturelle. Comme le démontrent Simon Borel et Guénaëlle Gault, « 77 % des membres des catégories aisées se disent attentifs aux effets de l'alimentation sur leur santé, contre 62 % des catégories modestes[1] ». Le déterminant de la transition alimentaire reste donc le capital économique, social et culturel.

Le regard de Manon Fleury

Oui, l'alimentation est un sujet hautement politique : manger local, c'est soutenir des filières, manger de saison, c'est soutenir l'économie locale et ne pas perdre conscience de la nature donc être enclin à en prendre plus soin. Manger plus

1. Simon Borel et Guénaëlle Gault, « La France à table », 2022, art. cité.

végétal, c'est réduire son impact sur l'environnement et sur la maltraitance. S'enquérir de l'origine des produits et de leurs modes de production, c'est apporter son soutien à des organisations du travail plus vertueuses pour la nature et pour les humains.

Je suis une personne engagée dans le sens où j'ai des convictions, je fais les choses avec ces convictions ; je ne cherche pas à convaincre ou à donner des leçons, mais je crois au pouvoir de l'exemple et à la compréhension par la douceur. Montrer qu'une équipe majoritairement féminine – dans un secteur trop peu féminisé – et sans hiérarchie archaïque obtient une étoile, provoquer une émotion avec une céréale au centre et un animal en condiment, faire entendre la voix des producteurs dans les toilettes…, tout cela illustre un engagement quotidien.

Rappelons-le, manger, chez soi ou dans un restaurant, c'est voter trois fois par jour sur des questions multiples, interdépendantes et incontournables au bien-être de nos sociétés.

L'histoire de l'alimentation cale son pas sur l'histoire de la civilisation. Voilà un sujet total. Biologique, économique, sanitaire, politique, sociologique, un marqueur identitaire, qui fixe les codes de la différenciation sociale, un miroir de notre rapport à l'autre, de notre rapport au vivant. Un véhicule analytique, émotionnel et projectif pour toute une société. C'est une histoire française, celle d'un « art de vivre », mais surtout celle d'un passage de la pénurie à la surabondance, qui ne doit masquer ni les nouvelles formes de précarité (jusqu'à 7 millions de Français auraient eu recours à l'aide alimentaire en 2020[1]), ni ses conséquences sur la santé, l'environnement et la biodiversité. La transition environnementale sera tout autant une transition énergétique qu'une transition alimentaire, ce qui veut dire ne plus produire comme avant (le bio plutôt que le productivisme), ne plus consommer comme avant (moins de viande, plus de viande blanche et moins de viande rouge…) et ne plus gaspiller comme avant (le gaspillage alimentaire représentant encore 10 millions de tonnes de produits par an[2]).

À 20 heures, la France est à table. Le nez dans son assiette, elle contemple une société consciente des enjeux individuels et collectifs de la question alimentaire, déjà en

1. « État de la pauvreté en France en 2021 », Secours catholique. Cité par Simon Borel et Guénaëlle Gault, « La France à table », 2022, art. cité.
2. Chiffres ministère de la Transition écologique et de la Cohésion des territoires, 2023.

mouvement et toujours en questionnement. Tradition ou transition ? Immobilisme ou volontarisme ? Fromage ou dessert ?

Manon Fleury, cheffe engagée

Pour Manon Fleury, être cheffe cuisinière c'est avant tout prendre part à un écosystème où la valeur d'un produit est celle du travail fourni pour qu'il arrive jusqu'à sa cuisine et qu'elle s'attache à le sublimer. Passée par les cuisines d'Alexandre Couillon, de Pascal Barbot ou encore celles du restaurant new-yorkais « De la ferme à la table » de Dan Barber, les choix de Manon Fleury reflètent son engagement pour des pratiques vertueuses tout autant que son ambition de l'excellence.

En 2018, alors qu'elle n'a que 27 ans, elle prend les rênes du Mermoz et ravit les critiques avec sa cuisine de convictions : responsable, saisonnière et d'inspiration végétale.

Après une série de résidences au Elsa à Monte-Carlo, le premier restaurant étoilé certifié bio et pêche sauvage de l'Hexagone, et au Perchoir à Paris, Manon Fleury a ouvert en septembre Datil, son premier restaurant, pensé en étroite collaboration avec les producteurs avec lesquels elle entretient une relation privilégiée. Il a reçu le prix Fooding 2024 du « Meilleur esprit d'équipe ».

Elle a publié en septembre 2022 son premier livre, *Céréales. Les recettes d'une cheffe engagée*[1], aux éditions Flammarion, qui a reçu le prix Livres & Savoirs de l'Académie nationale de cuisine.

1. Manon Fleury, *Céréales. Les recettes d'une cheffe engagée*, Paris, Flammarion, 2022.

Il est 20 heures, l'heure du sexe

De la « récession sexuelle » aux nouvelles sociabilités

François Kraus[1] *& Raphaël LLorca*

Concurrencé par les séries télé et l'appétence nouvelle pour une « conjugalité platonique », le sexe est devenu secondaire pour nos compatriotes. Mais il se réinvente dans des pratiques minoritaires « plus plastiques ». C'est ce que nous dit François Kraus, directeur du pôle Politique-Actualités à l'Ifop.

20 heures, c'est l'heure de passage de la vie diurne à la vie nocturne. Inévitablement, se pose la question des relations sexuelles. Où en sont les Français ? Pour le savoir, nous avons interrogé l'un des meilleurs observateurs du sujet : François Kraus.

---

1. François Kraus est directeur du pôle Politique/Actualité - département Opinion de l'Ifop.

Ces dernières années, on a beaucoup entendu parler de la « récession sexuelle »: une enquête Ifop pour l'Observatoire Lelo de la sexualité des Françaises et des Français montrait que la proportion de Françaises et de Français ayant eu un rapport au cours des douze derniers mois (76 %) n'a jamais été aussi faible en cinquante ans (une baisse de 16 points depuis 2006).

Comment l'expliquer ? De quoi est-ce le signe ?

François Kraus : Si on devait grossir le trait, je dirais qu'avant, pour avoir plus de rapports au sein de son couple, le plus malin était de cacher la télécommande alors qu'aujourd'hui, ce serait plutôt de couper le wi-fi…

Car si cette « rétractation » de l'activité sexuelle ne s'explique évidemment pas par un seul facteur, le coupable le plus évident semble la capacité des écrans à cannibaliser le « temps sexuel disponible », c'est-à-dire à rogner ces moments où les conditions du coït sont les plus favorables.

Notre dernière enquête montre en effet que l'activité sexuelle est aujourd'hui largement concurrencée par les activités numériques (télévision, réseaux sociaux, jeux vidéo…) nées de la généralisation du smartphone et du haut débit, notamment chez les jeunes.

Lorsqu'on interroge, par exemple, les jeunes de moins de 35 ans vivant en couple sous le même toit, la moitié des hommes (50 %, contre 42 % des femmes) reconnaissent avoir déjà évité un rapport sexuel pour regarder une série/film à la télévision (par exemple : Netflix, OCS…). Or, c'est une proportion qui n'est au fond pas très éloignée des résultats d'une étude parue, en 2019, dans le *Wall Street Journal*, qui indiquait alors que 36 % des Américains de 18-38 ans avaient décliné un rapport sexuel, au cours des six derniers mois, pour regarder une série ou Netflix.

On retrouve cette concurrence des écrans sur le sexe pour d'autres loisirs comme les jeux vidéo – préférés au sexe par 53 % des hommes de moins de 35 ans vivant en couple – ou les réseaux sociaux de partage de photos ou de vidéos (préférés au sexe par 48 % des hommes de moins de 35 ans vivant en couple).

Dans ces conditions, il n'est pas étonnant que ce phénomène de récession sexuelle (« *The Sex Recession* »), observé également dans nombre de pays occidentaux – comme les États-Unis, le Royaume-Uni ou la Finlande – affecte tout particulièrement une jeunesse biberonnée aux écrans dès son plus jeune âge. Car si la montée de l'inactivité sexuelle concerne l'ensemble de la population (+15 points en moyenne depuis 2006), la « Gen Z » est une des catégories les plus touchées : plus d'un quart des jeunes de 18 à 24 ans initiés sexuellement (28 %) admettent ne pas avoir eu de rapport en un an, soit cinq fois plus qu'en 2006 (5 %). Et cette tendance est très similaire à celle observée outre-Atlantique, une enquête[1] ayant montré une explosion du nombre d'inactifs sexuels au cours des douze derniers mois chez les jeunes de 18 à 29 ans en général (23 % en 2018, contre 8 % en 2008) et chez les hommes de 18-24 ans en particulier (31 % en 2018, contre 19 % en 2008).

*Ne serait-ce pas un peu réducteur de désigner pour seul coupable de cette apathie sexuelle l'*Homo numericus *et son addiction aux écrans ?*

François Kraus : C'est vrai. De façon plus générale, je crois que cette contraction de l'activité sexuelle est aussi le produit d'un désintérêt de plus en plus marqué pour le sexe, qui va de pair avec une dissociation

---

1. Pete Ueda, Catherine H. Mercer et al., « Trend in frequency of sexual activity and number of sexual partners among adults aged 18 to 44 years in the US, 2000-2018 », *Jama New Open.*, juin 2020.

croissante entre conjugalité et sexualité. Car si le devoir conjugal est loin d'avoir disparu, notre dernière enquête met en exergue la proportion croissante de Françaises et de Français qui parviennent à s'affranchir d'une certaine « normalité sexuelle » et tout particulièrement des injonctions sociales qui lient forcément le couple à une vie sexuelle intensive.

Dans un contexte marqué par une révolution du rapport au consentement, les Françaises acceptent ainsi beaucoup moins de se forcer à faire l'amour qu'il y a quarante ans : 52 % des femmes âgées de 18 à 49 ans déclarent qu'il leur arrive de faire l'amour sans en avoir envie, contre 76 % en 1981.

De même, la perspective de vivre une union platonique rencontre un écho croissant, notamment chez les femmes qui sont de moins en moins gênées à l'idée d'une vie de couple sans sexe : plus de la moitié des femmes adultes (54 %, contre 42 % des hommes) déclarent qu'elles pourraient continuer à vivre avec quelqu'un dans une relation purement platonique, soit une proportion en nette hausse sur une quarantaine d'années chez les femmes de moins de 50 ans (+14 points par rapport à 1981).

Enfin, cette dissociation du lien entre conjugalité et sexualité transparaît aussi dans la popularisation de l'asexualité et de l'abstinence, y compris dans un cadre conjugal : une personne sur quatre actuellement en couple (c'est-à-dire 16 % sur les 65 % de Françaises et Français en couple) admet ainsi ne pas ou ne plus avoir d'intimité physique avec son conjoint.

Pour moi, l'essor de nouvelles conduites sexuelles (par exemple l'abstinence choisie) ou l'affirmation d'orientations sexuelles jusque-là assez méconnues (par exemple l'asexualité) favorise chacune à leur manière une forme de « désengagement sexuel » qui n'est en rien spécifique au domaine de l'intime. On retrouve aujourd'hui cette baisse d'engagement dans d'autres aspects de la vie des Français : travail, civisme, associatif, politique… Bref, je n'irais pas jusqu'à parler de « grande démission sexuelle », c'est quantitativement faux, mais plutôt d'une tendance croissante au « *quiet quiting* sexuel », au même titre qu'il y a une hausse structurelle de l'absentéisme au travail ou de l'abstention dans les urnes.

Ces éléments chiffrés témoignant d'une apathie sexuelle peuvent apparaître comme un paradoxe dans une société qui n'a jamais déployé autant d'outils numériques pour faciliter la rencontre. Est-ce à dire que le libre accès est un tue-l'amour ?

François Kraus : Il est vrai qu'à l'ère de Tinder, Grindr et Bumble, cette tendance semble contre-intuitive. Pourquoi les gens coucheraient moins ensemble alors que cela n'a jamais été aussi facile de le faire, notamment pour les femmes protégées du stigmate de la fille facile grâce à l'anonymat des applis ?

Cela tient d'abord à une surestimation du phénomène : on a tendance à l'oublier, mais plus des deux tiers des Français sont en couple et à l'exception notable des adeptes du libertinage et de l'extra-conjugalité, ils ont peu de raison d'utiliser ces applis. Le reste de la population célibataire est composée pour beaucoup de seniors qui restent culturellement éloignés des nouvelles technologies, sans les avoir autant intégrées dans leurs pratiques de sociabilité affective. Dans les faits, rares sont les célibataires actifs sexuellement : seuls 7 % des Français sont des célibataires ayant des rapports sexuels, contre 24 % qui n'en ont aucun. Et parmi ces « *celib no sex* », beaucoup ont eu une expérience décevante du dating en ligne, soit parce qu'elle ne débouche sur aucune rencontre « *in real life* », soit parce qu'elle ne débouche pas sur une relation stable.

Comme l'ont montré nombre d'études sur les profils à succès sur ces applis, les grands gagnants sont en réalité ceux qui ont un potentiel d'attractivité physico-esthétique largement supérieur à la moyenne et qui, dans tous les cas, auraient eu autant de succès via les autres modes de rencontres. Pour la plupart des autres personnes, la rencontre en ligne, c'est plutôt l'extension du domaine de la loose…

Depuis *Dating Fatigue*[1] (2021), le livre de Judith Duportail sur la flemme de faire des rencontres, la tendance est plus que jamais à la critique d'applis de rencontre jugées addictives et chronophages, source d'une grande lassitude par le caractère répétitif de l'exercice et la quantité des profils à évaluer.

On parle aujourd'hui beaucoup de fatigue informationnelle, de désengagement du monde du travail. Dans le même esprit, il y a aussi une tendance à une forme de burn-out émotionnel lié à l'énergie nécessaire pour exploiter un vivier sans fin de partenaires sexuels. Malgré les applications, faire des rencontres implique aussi des efforts, notamment chez les femmes qui n'ont plus forcément envie d'effectuer tout un travail de préparation pour un coup d'un soir – s'épiler, stresser pour sa sécurité, etc. Quant aux

1. Judith Duportail, *Dating Fatigue,* Paris, L'Observatoire, 2021.

hommes, la pression de la performance reste aussi vivace.

Quand on démoyennise et qu'on se concentre sur les individus aux comportements sexuels plus libérés, quelles nouvelles tendances sexuelles se dessinent ? Entre-t-on dans un âge post-Tinder, avec de nouveaux espaces de pratiques sexuelles, qui répondent à de nouvelles normes ?

François Kraus : Parmi les tendances qui se dessinent, je pense au succès de Wyylde qui, depuis plus de vingt ans, est une plateforme communautaire de partages et de rencontres sexuelles libres, permettant d'explorer ses fantasmes au sein d'une communauté, que ce soit des célibataires ou des couples. Fondée dès 2004 comme un forum de rencontres, longtemps connu sous le nom de Netechangisme, site de référence de l'échangisme en France, Wyylde est devenue une plateforme libertine qui offre des expériences en rupture avec le modèle du couple monogame et où les critères esthétiques pèsent mois que sur Tinder, par exemple. Wyylde se définit aujourd'hui lui-même comme un « réseau social ».

Pour les libertins adeptes de l'échangisme, du triolisme et d'autres mélangismes, cette plateforme constitue en fait un moyen de démocratisation de l'accès à l'échangisme. Il faut dire qu'à côté des moyens traditionnels que sont les soirées privées dédiées à l'échangisme et les clubs échangistes, ces sites spécialisés mettent facilement en contact les personnes intéressées par exemple par l'échangisme ou les plans à trois. Moins onéreux que les clubs, plus faciles d'accès que les soirées privées, ces sites garantissent à leurs utilisateurs un total anonymat tout en leur offrant un plus large choix de partenaires potentiels.

Par ailleurs, Wyylde n'est pas qu'un lieu de « *fast-fucking* » (sexe rapide). À l'heure où l'injonction à une « réserve féminine » pèse encore dans les jeux de séduction hétérosexuelle et ses effets de « réputation » (par exemple : « *slut-shaming* »), ce type d'appli a en effet le mérite de garantir aux femmes un anonymat leur permettant de s'affranchir des conventions qui dévalorisent toute sexualité féminine sortant du cadre « légitime » du couple.

Pour moi, le succès de ce genre de sites est symptomatique du fait que les gens assument de plus en plus une « sexualité plastique » (Giddens), affranchie aussi bien des scripts de « l'amour romantique » que des autres injonctions à la retenue sexuelle…

Est-ce une île de plus dans « l'archipel français » ou, à l'inverse, un espace qui résiste à tout enfermement ?

François Kraus : Il y a un contraste flagrant entre cette minorité de gros consommateurs de sexe – qui trouve son bonheur sur ce type de réseau refuge – et une proportion croissante de personnes exclues volontairement ou involontairement du marché sexuel. Pour reprendre une notion chère à mon collègue Jérôme Fourquet, le concept « d'archipelisation sexuelle » ne me paraît pas inapproprié pour qualifier ces tendances contradictoires...

Pour autant, ce qui est frappant dans ces espaces de sexualité, qui restent encore très largement minoritaires, c'est combien ils s'affranchissent des traditionnelles frontières d'âge ou de classes : deux jeunes Wyyldiens interrogés récemment me racontaient que leurs soirées libertines leur avaient par exemple permis de rencontrer et de sympathiser avec un scaphandrier âgé de 51 ans... Peu banal ! Au-delà des tendances à la communautarisation, on assiste aussi à l'émergence de nouvelles sociabilités sexuelles.

Il est 20 heures à l'Ehpad

Les Français, ce peuple vieillissant

Thierry Keller[1]

Que font les résidents d'un Ehpad à 20 heures ? Eh bien, ils dorment, ou presque. C'est la surprise à laquelle s'est trouvé confronté Thierry Keller, envoyé spécial de « La France à 20 heures » dans un établissement du 19ᵉ arrondissement de Paris. Reportage.

« En janvier, j'ai failli avaler mon bulletin de naissance », rigole Colette Boyer en se remémorant cette mauvaise chute qui aurait pu la faire passer sans crier gare de vie à trépas.

Mais il faut croire que le sort n'a pas voulu d'elle, pas encore. Le « bulletin de naissance » de cette vaillante parisienne indique toujours

1. Thierry Keller est journaliste et essayiste. Dernier ouvrage paru : *Quand on n'ose plus rien dire, de peur de passer pour un réac* (l'Aube, 2024).

« 1930 ». Le compteur tourne encore et ne semble pas près de s'arrêter. La seule chose qui a changé pour Colette, 94 ans, donc, c'est qu'il lui a semblé plus sûr de quitter son domicile du 11e arrondissement, où elle vivait seule jusqu'à maintenant, pour rejoindre la résidence Édith Piaf, un Ehpad géré par le groupe Emeis, situé à l'extrémité est de la capitale, en face de l'imposant hôpital Robert Debré. Il est 20 heures, et tout porte à croire que Colette se la coule douce, allongée en tenue de nuit sur son confortable lit médicalisé. Elle a bien mangé (« J'ai bon appétit », annonce-t-elle fièrement) et s'apprête à feuilleter quelques pages d'un magazine people puis à regarder un peu la télé (le son à fond – Colette est un peu dure de la feuille), avant l'extinction des feux, aux alentours de 23 heures. Colette est une couche-tard. Si le corps est fourbu, le cerveau fonctionne à plein, comme à ses plus belles heures : « Quand j'étais jeune, on m'appelait "Le Bottin", se vante la nonagénaire. Je traversais Paris pour transmettre des messages que j'avais appris par cœur à la résistance. Et puis les Boches ne se méfiaient pas des enfants », s'esclaffe-t-elle à nouveau, heureuse de son bon coup, quatre-vingts ans après.

La chambre est grande, environ 20 m^2, moderne. La vieille dame a ajouté au mobilier standard quelques objets personnels, comme ce guéridon sur lequel repose son poste de télévision à écran plat. En six mois, Colette n'est sortie qu'une seule fois, pour se rendre à une réunion d'anciens combattants qu'elle ne raterait pour rien au monde. Le reste du temps, la résidence Édith Piaf pourvoit à toutes les commodités. Ses 97 résidents disposent de plusieurs petits salons, un à chaque étage, chacun muni d'un juke-box (celui du rez-de-chaussée est bloqué sur Jean-Jacques Goldman). D'un vaste salon de réception opportunément baptisé « La vie en rose » ou d'un restaurant nommé « Le milord ». Ainsi qu'il fallait s'y attendre, les espaces communs portent tous un petit nom qui rappelle l'éternelle « môme ». Au sous-sol, on trouve une salle de kiné doté de matériel rutilant et un salon de coiffure et d'esthétique où l'on peut venir se pomponner à loisir. Pour le prix, environ 4 000 euros par mois, tout est inclus. La somme peut paraître élevée, mais on est en plein Paris. Et puis 10 % des résidents bénéficient de l'aide sociale, via la Ville, qui est aussi un département.

On est loin de ces établissements délabrés au personnel maltraitant décrit dans le best-seller de Victor Castanet, *Les fossoyeurs*[1],

1. Victor Castanet, *Les fossoyeurs*, Paris, Fayard, 2022.

qui a jeté une lumière sordide sur les Ehpad, ainsi qu'on s'est mis à désigner les maisons de retraite en 2002. Dans le viseur : le groupe ORPEA. Depuis le scandale provoqué par le livre, ORPEA a subi un grand ménage. Ses dirigeants ont pris la porte, tandis qu'un consortium composé de la Caisse des Dépôts, CNP Assurances, MAIF et MACSF a repris en main la gouvernance, l'esprit et le nom. Bye bye ORPEA, welcome Emeis (« nous », en grec ancien). Emeis et ses 227 maisons de retraite en France, sa centaine de cliniques SMR (services de soins médicaux et de réadaptation) et de cliniques dédiées à la santé mentale, en tout 1100 établissements sur la planète. Si le processus de refonte est en cours, il faut croire que les premiers effets se font sentir jusque dans l'ambiance d'un établissement-type, comme celui auquel je rends cette petite visite, en ce mardi de juin chaud et pluvieux. L'Ehpad Edith Piaf compte 70 « équivalents temps pleins », parmi lesquels un médecin coordonnateur, un cadre de santé, des infirmières, des aides-soignantes, un psychologue, une psychomotricienne, une animatrice et une flopée d'intervenants libéraux fixes, comme des kinés, orthopédistes, diététiciens, pédicures, sans oublier le chef cuistot et le personnel de ménage… 83 % des métiers sont occupés par des femmes. Mais je ne suis pas là pour jouer les inspecteurs des travaux finis. Ma présence ne tient qu'à la curiosité consistant à savoir ce que font les personnes âgées, le soir à 20 heures, quand le reste du pays boit des coups ou glande dans sa chambre d'ado.

Les vieux, c'est l'avenir. Je veux dire, démographiquement, donc politiquement et culturellement, c'est chez eux que ça se passe et que ça va encore davantage se passer dans les prochaines années. On compte 16 000 centenaires aujourd'hui, il y en aura environ 200 000 en 2050. L'âge médian français est passé de 31 ans en 1980 à 41,6 en 2024. Ce sont les plus de 65 ans qui votent, qui consomment. Comme le XXe siècle avait su inventer une nouvelle catégorie sociale et culturelle, la jeunesse, correspondant à une période de la vie autrefois inexistante entre l'enfance et l'âge adulte, le XXIe nous offre le luxe de découvrir la vieillesse, un nouvel âge fait de nouveaux repères, nous tendant un miroir pour nous-mêmes, en forme de question existentielle à plusieurs entrées : à quoi sert une vie ? Qu'est-ce qu'une fin de vie digne ? Et comment garantir le « bien vieillir » de tous, selon la situation sociale, familiale, médicale de chacun ? Car si nous détestons l'idée d'une société à deux vitesses, comment accepter celle d'une société à deux vieillesses ? Et si, précisément, nous mesurions l'effort substantiel fait par la nation pour financer l'instruction de notre jeunesse depuis la fin de la seconde guerre mondiale et nous en inspirions pour réfléchir à la façon dont il nous revient aujourd'hui de réinventer la protection sociale et la solidarité nationale ?

Cette nouvelle donne démographique bouscule nos grands équilibres économiques et sociaux et produit un nombre incalculable de conséquences. Emmanuel Macron l'a bien compris, lui qui a visé la clientèle électorale des « propriétaires de plus de 65 ans » pour sa réélection en 2022, au détriment de la jeunesse et de la start-up nation du cru 2017. La *silver economy* (*silver* pour « cheveux blancs ») explose : 130 milliards d'euros de PIB en 2020. Dans les publicités, dans la mode, dans les magazines, il n'est plus rare de voir de sémillantes vieilles femmes s'afficher sans complexe. Il y a même un terme pour désigner ces mamies un peu rock sur les réseaux sociaux : les « instagrannies ». La plus célèbre d'entre elles, Baddie Winckle, une Américaine de 88 ans, compte plus de 3 millions d'abonnés sur Instagram. Le phénomène de « l'âgisme » (la discrimination par l'âge) n'est pas encore complètement résorbé, mais la chose est entendue : avec l'arrivée des baby-boomers dans les maisons de retraite, c'est tout le socle générationnel de la société qui se retrouve cul par-dessus tête. Les inventeurs du concept de jeunesse, ces garçons et ces filles qui ont écouté Johnny et les Beatles dans les années 1960, qui se sont laissé pousser les cheveux et dit merde à leurs parents, sont désormais en âge de posséder un pilulier et de boire de la tisane. En dehors de l'Afrique subsaharienne, qui a entamé sa transition démographique, mais qui connaît des taux de fécondité (le nombre d'enfants par femme) de 4,5 environ – ce qui est encore beaucoup – et dont l'âge médian peut descendre jusqu'à 17 ans (c'est le cas du Niger), le reste du monde est frappé par le grand âge. C'est inédit dans l'Histoire. Jamais nous n'avons autant vécu dans des sociétés de vieux. Pour mémoire, il faut un peu plus de deux enfants par femme pour « renouveler le stock d'êtres humains » sur la Terre. Au-dessus, on prolifère. En deçà, on est en dépopulation. En moyenne, nous sommes aujourd'hui à 2,27 sur l'ensemble du globe, tendance descendante. Si bien que les projections de l'ONU tablent sur une véritable décroissance démographique à l'orée du XXIIe siècle. À date, le taux de fécondité au Japon est de 1,3. Corée du Sud : 0,8. Russie : 1,49. Allemagne : 1,58. Italie :

1,25. États-Unis : 1,66. Avec un taux de fécondité de 1,16, la Chine vieillit elle aussi à vue d'œil. L'Inde surnage avec 2,03. Le Maghreb n'échappe pas à la règle : 2,33 au Maroc, 2,09 en Tunisie et, petite incongruité locale, 2,89 pour l'Algérie. Et la France ? Détenant jusqu'à récemment, ex aequo avec l'Irlande, le titre de « championne d'Europe de la natalité », elle a rejoint la longue cohorte des nations percluses de rhumatismes. Avec 1,8 enfant par femme, elle ne doit qu'à l'apport d'étrangers sur son sol de ne pas subir de saignée démographique (68 millions d'habitants aujourd'hui, 55 en 1980). Là où certains crieront au « grand remplacement », d'autres se féliciteront d'une forme de mécanique des fluides assurant notre survie. En effet, quand la pyramide des âges s'inverse, mieux vaut bénéficier de travailleurs actifs qui payent des impôts, remplissent les villes, maintiennent les écoles ouvertes et surtout financent un système de retraites en surtension. Réarmement démographique ou pas (plutôt pas), un tiers de la population française aura plus de 60 ans en 2050, contre un sur cinq en 2000. C'est le moment d'investir dans les résidences senior !

Il est 20 heures à l'Ehpad Edith Piaf du 19e arrondissement, et les couloirs sont vides. Quand on est très vieux, l'heure n'est plus à la bamboche. Je m'attendais à pénétrer dans une véritable ruche, avec des dizaines de vieillards jouant gaîment au bingo, comme dans une scène de *Better Call Saul*. Je dois vite ravaler ma machine à clichés. Comme Colette, tous les résidents ont regagné leur chambre. Il faut dire qu'on arrive de plus en plus tard dans un Ehpad. « En général après 90 ans », m'indique Delphine Panczak, la DE (directrice d'établissement). Devant mes yeux ébahis, cette femme joviale qui me fait faire le tour du propriétaire en compagnie de son bras droit, la très dynamique Karima Mokeddem, sorte de BFF (*best friend forever*) de chacune des résidentes croisées (je n'aurai pas le loisir de voir des hommes ce soir-là), précise sa pensée : « De plus en plus, les personnes âgées retardent le moment d'entrer en Ehpad. Elles préfèrent rester chez elles le plus tard possible. » Y entrer le plus tard possible, c'est, mécaniquement, y vivre moins longtemps. L'espérance de vie moyenne dans ce type d'établissements n'y excède pas trois années. Autant dire qu'ont aujourd'hui succombé la plupart des résidents que nous avons sauvés en 2021 en nous confinant chez nous pour éviter de les contaminer. Choix absurde ? Non, magnifique démonstration de solidarité que d'avoir collectivement renoncé à notre liberté première, celle de nous mouvoir, pour protéger nos anciens les plus vulnérables, ceux que notre société hyperactive déconsidère implicitement en les qualifiant d'improductifs et de charge pour la collectivité.

L'Ehpad est un lieu de vie, mais en mode diurne. Le petit-déjeuner se prend de 8 heures à 9 h 30. Le reste de la matinée est consacré aux soins de nursing (la toilette, l'habillage), parfois à la visite d'un médecin. Le déjeuner commence vers 12 h 15, se termine à 14 heures. Après-midi : temps calme (comme en maternelle). Puis viennent les activités : kiné, coiffure, goûter. « À 17 h 15, nos résidents font déjà le pied de grue devant le restaurant », confie Delphine en souriant. Car la plupart ne veulent pas rater le gong de 18 heures, qui marque le début du sacro-saint « Questions pour un champion ». « Toutes les activités communes s'arrêtent à 19 h 15, précise-t-elle. À leur âge, les gens sont fatigués. Et puis la plupart possèdent leur propre tablette. » Mes certitudes vacillent. Alors comme ça, la société de l'individualisme aurait aussi pénétré nos maisons de retraite ? Mais alors ? Quand font-ils la fête ? Quand sortent-ils ? Et mon bingo ? « Tout se passe l'après-midi, me rassure la directrice. Tous les dimanches à 15 heures, nous organisons un concert. Nous célébrons toutes les fêtes religieuses. Il y a des sorties régulières en bateau-mouche. Quant au bingo, ne vous inquiétez pas : c'est tous les vendredis à partir de 15 heures. » Ouf.

Je repense à ma grand-mère, jadis reine de son Ehpad du sud de la France. Je repense au grand-père d'un ami, dragueur invétéré avant de casser sa pipe à l'approche de ses 100 ans. Je tente alors une question : « Et les relations sentimentales, vous en avez beaucoup ? » Là encore, Delphine et Karima prennent le temps de me répondre en échangeant un sourire entendu (je dois vraiment avoir l'air d'un béotien) : « Oui, ça arrive. Mais ça ne va pas bien loin. On les accepte, dès lors que c'est consenti et discret. On peut par exemple vous dire que l'un des résidents de l'unité protégée rencontre un indéniable succès » (« l'unité protégée », c'est le dernier étage, réservé aux personnes atteintes d'Alzheimer). J'apprends également qu'il arrive que des couples entrent ensemble à l'Ehpad. Mais chacun aura sa chambre individuelle. Je me permets de faire remarquer que c'est peut-être un peu cruel. Là encore, haussement de sourcil légèrement condescendant : « Vous savez, quand on arrive à cet âge, on n'a pas très envie de partager son lit. Personne ne réclame de faire chambre commune. » J'aurais dû m'en douter.

Il est 21 heures bien tapées. Je remercie mes hôtesses et me retrouve dans la rue. Dehors, des jeunes du quartier jouent au ballon, bavardent. Un tramway glisse sur les rails des boulevards extérieurs. Je suis frappé par la porosité entre l'intérieur et l'extérieur. L'établissement n'a rien d'un bunker. Je me remémore une phrase de la DE : « Un Ehpad n'est pas un mouroir, c'est un lieu de sociabilité. Les résidents y sont chez eux, ils entrent et sortent facilement, leurs familles viennent quand elles veulent. » J'ai une pensée émue pour Colette. Je me demande quand aura lieu sa prochaine réunion d'anciens combattants…

Propos recueillis par Raphaël LLorca.

Pascal Demurger[1] :
« Réenchanter le métier de soignant »

Suite aux scandales qui ont touché les Ehpad du groupe ORPEA en 2022, avec la sortie du livre-enquête de Victor Castanet, *Les fossoyeurs*[2], un regroupement de nouveaux actionnaires a pris la majorité des parts de l'entreprise, devenue Emeis (« Nous », en grec ancien) en 2024 : la Caisse des dépôts, la MAIF, CNP Assurances et MACSF. Pascal Demurger, le directeur général de la MAIF, revient sur nouveaux enjeux démographiques qui touchent notre pays, comme le reste de l'Occident, et insiste sur la revalorisation du métier de soignant. Entretien.

---

1. Pascal Demurger est directeur général de la MAIF.
2. Victor Castanet, *Les fossoyeurs*, Paris, Fayard, 2022.

En France comme dans le reste des pays développés, la pyramide des âges s'inverse : baisse de la natalité, nombre de personnes âgées en hausse… Comment une société peut-elle (doit-elle) tenir compte de cette nouvelle donne démographique ?

Le mouvement de baisse de la natalité est mondial, et ce depuis les années 2000. Avec les taux de natalité parmi les plus faibles au monde, l'Europe le vit de manière plus marquée, on parle d'« hiver démographique » depuis la fin des années 1970. Dans le même temps, la France, qui a longtemps été considérée comme le champion européen de la natalité, rentre dans le rang et connaît ce moment où le taux de natalité est en dessous du seuil de renouvellement des générations. Cette situation, croisée avec la hausse de l'espérance de vie, engendre mécaniquement un vieillissement de notre population, d'autant plus marqué que les générations nombreuses du baby-boom sont désormais âgées de 60 ans et plus.

Le premier effet visible a trait aux conséquences pour notre modèle social. Le débat sur la réforme des retraites nous a donné une approche très mécanique du problème : financer plus de retraites par un rallongement de la durée de travail de ceux qui cotisent. Mais on sait que les enjeux pour notre système sont beaucoup plus profonds alors que les baby-boomers entrent dans le grand âge. Comment assure-t-on un vieillissement en bonne santé : par la prévention, par la technologie, en bousculant le système ? Comment traiter l'enjeu de la dépendance alors qu'il représente près de 30 milliards d'euros de dépenses et que le nombre de personnes dépendantes devrait passer de 2,5 à 4 millions d'ici à 2050 ?

La MAIF, que vous dirigez, a pris part, avec d'autres acteurs, au sauvetage d'ORPEA suite aux récents scandales de maltraitance des patients dans les Ehpad. Devenu Emeis, qu'est-ce qui va changer ? Comment mieux prendre soin des près de 100 000 personnes accueillies dans ses établissements ?

Avant tout, il faut rappeler que depuis 18 mois la nouvelle gouvernance a mis en place une transformation particulièrement importante. L'ensemble du top management a évolué et l'entreprise a pris deux orientations majeures sur lesquelles MAIF est attentive. D'une part, Emeis a amélioré les conditions de travail de ses salariés en revoyant sa politique de rémunération, notamment pour les salariés non cadres ou en portant la plus grande attention aux enjeux de santé au travail. Ce sont des points cruciaux dans un secteur en mal d'attractivité. D'autre part, l'entreprise s'est recentrée sur le soin en augmentant par exemple le nombre de praticiens aux côtés des résidents et en construisant sa politique médicale autour de comités d'experts.

Ces actions vont clairement dans le sens de la vision qui a poussé MAIF à soutenir le projet de reprise : remettre la dignité et l'attention au cœur du modèle des Ehpad du groupe. Pour ce faire, il existe un terme cher à notre mutuelle, celui de l'attention. Celle qui est apportée aux salariés sera à moyen terme un facteur de performance pour l'entreprise. Celle qui est accordée aux résidents permettra à Emeis d'être au rendez-vous de la qualité qui est attendue, de faire évoluer peu à peu la culture interne et de transformer la vision que le grand public a de ce secteur.

Au-delà des patients/résidents, le groupe compte aussi 78 000 collaborateurs, dont plus de 40 000 personnels soignants. Comment leur redonner confiance en leur mission ?

À court terme, je crois que la restauration de la motivation des soignants et salariés d'Emeis passe par des preuves de compréhension de leur situation et de leurs difficultés. Le travail engagé va dans le bon sens via l'amélioration de la sécurité au travail, une revue des conditions salariales, la mise en place de lieux d'échanges collectifs.

Au-delà, il y a un sujet pour réenchanter le métier en lui-même. Je suis convaincu qu'augmenter le taux d'encadrement, faire confiance aux soignants, remettre toute l'attention du groupe sur la qualité du soin, est la bonne voie pour que chacun se réapproprie son métier et sa vocation.

Le sentiment d'appartenance, moteur de toute motivation, naît fondamentalement du sens que l'on sait donner à la contribution de chacun et au respect que l'on accorde à son travail. L'amélioration de la qualité des soins prodigués aux résidents sera la fierté des salariés.

Épilogue
« Il est 20 heures, voici nos premières estimations… »

L'heure de la démocratie

Mathieu Souquière

La dramaturgie politique de l'année 2024 a confirmé à quel point notre démocratie était à bout de souffle. Et si la patrie de 1789 avait plus de ressource qu'on ne l'imagine ?

Il n'a que 13 ans, mais il sentait l'inquiétude poindre depuis longtemps. Celle de ses parents d'abord, qui se plaignaient d'un climat de plus en plus dur, d'allusions de plus en plus présentes, d'injonctions de plus en plus pressantes. Comme si être immigré ne suffisait pas à alimenter le parcours quotidien du combattant, qu'il s'agisse d'accès au travail, au logement, au service public. Ou d'accès aux plaisirs de la vie, même, comme ces anniversaires de copains de classe auxquels il n'était jamais possible de se rendre :

pas assez d'argent pour acheter un cadeau et pas assez d'assurance pour s'y sentir à sa place, au milieu des autres.

Ce soir, à 20 heures pile à la télévision, les résultats sont tombés. Pas comme le couperet attendu. Pas cette fois-ci. Mais jusqu'à quand ? À l'éco-anxiété est venue s'ajouter en 2024, de façon amplifiée, une psychose d'un nouveau genre : la facho-anxiété[1]. C'est dire si le vent de la lame n'est pas passé loin de nos nuques.

L'heure du sacre

Un prénom américanisant pour attester de l'extraction populaire, un patronyme rappelant l'ascendance étrangère. La rencontre de l'Italie et du 9-3, un symbole au carré.

Un âge, 28 ans, correspondant à celui d'Hannibal, jeune général impétueux, lorsque reprirent les guerres puniques. On le savait depuis Macron puis Attal : la valeur n'attend pas le nombre des années.

Si, au prix d'une stratégie exigeante et payante, Marine Le Pen est parvenue à rendre l'extrême droite acceptable, Jordan Bardella a transformé l'essai en la rendant, cette fois, désirable. Au grand-père malaisant

---

1. Raphaël LLorca, « Nous connaissions l'éco-anxiété, voici venue la "facho-anxiété" », *Libération*, 28 juin 2024.

d'autrefois, délinquant condamné à plusieurs reprises pour antisémitisme et incitation à la haine raciale, succède un gendre idéal, au physique entretenu et au débit convenu à défaut d'être tout à fait convenable.

Deux campagnes menées tambour battant : aux européennes et aux législatives du printemps 2024 l'extrême droite n'a cessé de consolider son assise et sa progression au fil des semaines. Un vote plus du tout caché mais un vote assumé et même, désormais, fièrement revendiqué.

À la clé, un score aux allures de triomphe et une avance sur (tous) ses rivaux inédite, plaçant l'extrême droite en situation de revenir au pouvoir pour la première fois depuis le naufrage moral du régime de Vichy, il y a tout juste quatre-vingts ans. Jusqu'au 7 juillet, la France a retenu son souffle, persuadée de sombrer dans l'abîme, évitée sur le fil grâce à un front républicain auxquels de moins en moins appelaient chez les dirigeants politiques et de moins en moins croyaient – voire adhéraient – au sein de l'opinion. Répit ou reflux ?

La fin de la fin de l'Histoire

Si les régimes autoritaires eurent le vent en poupe dans l'entre-deux-guerres du XXe siècle, la démocratie connut ensuite son heure de gloire, étendant son emprise partout : elle se rétablit d'abord dans son berceau historique d'Europe occidentale avant de progresser par vagues successives, dans certains pays du Sud accédant à l'indépendance puis, la digue des dictatures cédant bientôt face à un souffle général de liberté, en Europe méridionale puis en Amérique latine puis enfin en Europe centrale.

Une démocratisation du monde en même temps qu'une mondialisation et une financiarisation de nos économies qui semblèrent mettre un frein aux pouvoirs politiques nationaux. En résumé, une démocratie voyant sa zone géographique s'étendre, mais son pouvoir sur le monde se restreindre.

S'ensuivit, dans nombre de démocraties historiques en général et en France en particulier, une crise de confiance marquée par un triple phénomène, un triple « isme » :

– une poussée de l'abstentionnisme, qui ne fut ni constante ni croissante et connut même de récurrents reflux, mais est néanmoins devenue un phénomène massif et général ;

– un populisme de plus en plus en plus ancré, passant souvent de la dénonciation du système à la détestation de ceux qui l'incarnent ;

– un dégagisme fréquent pour ne pas dire systématique, dont seul Emmanuel Macron sut déjouer la malédiction en 2022.

S'il est aisé d'objectiver l'abstentionnisme et le dégagisme, un indicateur de populisme permet d'en mesurer pleinement l'intensité et d'éclairer le rejet dont les « élites » sont frappées : neuf de nos concitoyens sur dix[1] – 87 %, pour être précis – sont ainsi convaincus que nos gouvernants prennent de « mauvaises » décisions, c'est-à-dire « contraires aux intérêts du peuple ». Et ils sont nombreux à considérer ceci comme fait de façon volontaire et délibérée. Qu'en un mot, nous ne serions plus seulement confrontés à une faillite de nos élites, mais bien à une trahison de celles-ci.

Une défiance en 3D

La France, un paradis peuplé de gens persuadés de vivre en enfer ? Il est vrai que cette dernière est parfois qualifiée de championne du monde de la défiance et que cette réputation n'a rien d'usurpée. Parce que notre pays, c'est sa singularité, agrège trois niveaux de défiance qui additionnent leurs effets. La première, qui tend le ressort populiste évoqué ci-dessus, est « institutionnelle », verticale, et frappe une « classe » politique composée de gens perçus comme corrompus et incompétents. En résumé, « tous pourris, tous nuls, tous les mêmes », telle pourrait être la devise d'un pays ayant succombé aux sirènes populistes.

1. Voir Damien Fleurot et Mathieu Souquière, *2022, la flambée populiste*, Paris, Plon/Fondation Jean-Jaurès, 2021.

À cette défiance verticale répond une défiance horizontale, « interpersonnelle » cette fois, qui inscrit nos représentations dans un schéma de préjugés très puissants. Ainsi, chacun se voit-il assigné à une caractéristique péjorative, alimentant des stéréotypes largement véhiculés : ce faisant, le chômeur devient un profiteur, le patron un exploiteur, le syndicaliste un emmerdeur, le migrant une menace, le fonctionnaire un glandeur, le télétravailleur un téléglandeur, le jeune un « jeune con », le vieux un « vieux con », etc., etc. S'il y a donc bien une façon d'être très française, c'est celle qui consiste à regarder l'autre d'abord de travers. Oui, l'enfer, nous le savons tous, c'est les autres…

Enfin, ajoutons une troisième dimension à cette défiance, non plus spatiale, mais temporelle cette fois : c'est celle que nous éprouvons vis-à-vis de l'avenir, à nos yeux porteur de risques bien plus que d'opportunités. Un avenir synonyme de déclin pour les trois quarts des sondés, considéré même comme irréversible pour la moitié d'entre eux. De la peur du déclassement à celle de l'effondrement, il n'y a donc qu'un pas. Tous les camps politiques ont ici une responsabilité, associant le présent et l'avenir à des menaces multiples et anxiogènes : insécurité physique et culturelle pour la droite et l'extrême droite, insécurité économique et sociale pour la gauche, insécurité climatique pour les écologistes… Nous savions l'avenir plus incertain que le passé, mais pas au point de mythifier celui-ci et de honnir celui-là.

Le pouvoir sans le pouvoir

À cette aune, on mesure aisément la difficulté sur laquelle butent nos gouvernants, pris dans ce schéma de défiance globale, qui débouche sur l'un des paradoxes français : alors que, dans notre pays, comparativement à tous ses homologues démocratiquement élus, le président de la République dispose, sur le plan institutionnel, des plus grands pouvoirs, son pouvoir effectif est, dans la réalité, largement amputé. Précisément parce qu'il lui manque les deux ingrédients qui fondent la réalité d'un pouvoir politique, entendu comme pleine capacité à agir : d'abord, la confiance de l'opinion sans laquelle aucune adhésion du corps social n'est possible ; et, qui en découle, la longévité, sans laquelle aucune action transformatrice ne peut s'inscrire dans la durée.

Emmanuel Macron aura été le seul à faire exception, en parvenant à se faire réélire sans en passer par une période de cohabitation. À la faveur de circonstances particulières – au premier chef, la situation géopolitique au début de l'année 2022 –, il aura ainsi bénéficié de la longévité qui a fait défaut à tous ses prédécesseurs, sans toutefois disposer d'un socle de confiance suffisant. Chacun aura constaté combien il est politiquement dangereux d'avoir celle-là en étant privé de celle-ci…

La montée des eaux

Depuis le « coup de tonnerre » du 21 avril 2021, la poussée constante de l'extrême droite jusqu'à la voir en situation d'accéder au pouvoir s'est imposée comme une donnée politique centrale, personne n'ayant semblé trouver la parade adéquate pour en contenir la dynamique. Pour riposter à cet acteur d'un nouveau type, ayant émergé dans les années 1980 au moment où la gauche au pouvoir, confrontée à la crise et au chômage de masse, voyait s'éloigner d'elle une partie des catégories populaires, en déshérence électorale, plusieurs postures ont été adoptées.

Morale d'abord, en se situant sur le plan des valeurs, alors même que le dirigeant-fondateur du parti, Jean-Marie Le Pen, assumait des positions d'une grande radicalité et des propos à plusieurs reprises condamnés par la justice, dans le prolongement de ce que fut le corpus idéologique de l'extrême droite depuis le XIXe siècle jusqu'à sa collusion collaborationniste.

Une logique de résultats a ensuite été privilégiée : puisque le Front national (FN) avait prospéré sur un terreau de crise économique et sociale, la conviction s'est logiquement répandue qu'il suffirait de faire reculer le chômage pour voir refluer l'extrême droite. Malheureusement, nous savons depuis Lionel Jospin et avons eu confirmation plus récemment avec Emmanuel Macron qu'il n'en est rien. Malgré les fortes embellies sur le front de l'emploi entre 1997 et 2002 et entre 2016 et 2023, ces périodes ont au contraire vu le Rassemblement national (RN)/FN poursuivre sa progression.

En complément de cette logique de résultats, s'est imposée une stratégie de triangulation, conduisant à préempter les thèmes de l'extrême droite pour prétendument ne pas lui en « laisser le monopole ». D'abord créditée d'avoir su, selon la formule consacrée, « poser les bonnes questions », cette dernière a finalement vu adopter des réponses de plus en plus proches des siennes. Illustration chimiquement pure avec la question migratoire – dangereusement confondue avec la question identitaire et la question sécuritaire – saturant le débat public, au rythme d'une loi votée en moyenne tous les dix-huit mois depuis quarante ans, toujours dans le sens d'un durcissement.

L'effritement du barrage

Cette stratégie politique – entre condamnation morale, recherche de résultats et tentative de triangulation – se soldant par un échec, une stratégie électorale a eu vocation à pallier : celle du vote utile, qui, malgré un effritement constant, a joué à chaque présidentielle, y compris la dernière, pour « faire barrage à ». Mais avec, à chaque fois, le même effet paradoxal : des victoires arithmétiquement écrasantes – surtout en 2002, moins nettement en 2022 –, mais politiquement inopérantes, la présidentielle se transformant en un plébiscite artificiel et débouchant sur une élection « au rabais ». À la clé, un manque de légitimité et d'adhésion populaire pour le vainqueur – un tiers de soutien au mieux – aggravant l'impuissance politique. Et, cercle vicieux, augmentant encore, mécaniquement, la dynamique en faveur de l'extrême droite.

Ce faisant, le RN n'a cessé d'élargir sa base électorale, grâce aux deux atouts qui sont les siens : sa virginité politique – il s'agit du seul courant à n'avoir exercé aucune responsabilité d'importance au cours des dernières décennies – autant que sa plasticité idéologique – même si la préférence nationale demeure son fil à plomb, son programme comme son discours n'ont cessé d'évoluer pour le rendre moins répulsif et compatible avec l'objectif assumé, et inédit, de conquête du pouvoir.

Si les petites classes moyennes et le monde de la « boutique » – les artisans et commerçants – ont toujours constitué le socle de l'extrême droite, les catégories populaires déçues par la gauche sont venues grossir ses rangs avant d'être rejoints, très récemment, par les CSP+ et les retraités déçus par la droite. Avec le renfort ponctuel, mais décisif d'Éric Zemmour, qui, par son influence de journaliste et la radicalité de son discours, a progressivement réussi à transformer le lectorat du *Figaro* en électorat pour la droite décomplexée. Comme si, pour la bourgeoisie qui jugeait depuis toujours inconvenant de s'éloigner des rives de la droite pour rejoindre celles de l'extrême droite, cette évolution avait fini par devenir naturellement et pleinement assumable.

Résultat, la France du RN semble aujourd'hui la plus fidèlement représentative de la société française, puisant ses réserves de voix dans l'ensemble des régions – à l'exception des grandes métropoles, Marseille et Nice exclues –, des classes d'âge et des catégories sociales. Une France en miniature progressivement devenue une France grandeur nature. La vague a ainsi glissé jusqu'au

Parlement européen, où la France a envoyé au printemps dernier trente-quatre députés d'extrême droite tout en divisant par trois le nombre de ses députés écologistes (il s'en est même fallu d'un cheveu pour que ces derniers soient même intégralement balayés des bancs de Strasbourg).

Une France droitisée et décomplexée est-elle pour autant une France « alignée », comme on peut le dire d'un corps social ou d'un individu pour questionner la concordance entre son moi profond et ses agissements ? Car dans notre histoire et dans le système de valeur qui en découle, comme le rappelle régulièrement Jean-Daniel Lévy, deux moments définissent chacun un pilier de notre identité française : 1789 ou l'avènement de l'égalité et 1945 comme consolidation de notre conception de la solidarité. Deux éléments, associés à la Déclaration des droits de l'homme et du citoyen, qui fondent un humanisme et un universalisme à la française, qui fit longtemps notre singularité et notre rayonnement. Chacun comprend ce que l'extrême droite, même relookée, incarne d'antagonique avec l'esprit de 1789, qu'elle a toujours combattu, et celui de 1945 qui signait sa propre défaite. Un corps social, a fortiori un corps national, peut-il ainsi se mentir à lui-même ?

Les optimistes verront dans les résultats inattendus du scrutin de ce mois de juillet 2024 une confirmation de ce que la France, en claquant finalement la porte au nez de l'extrême droite qui se situait sur le perron du pouvoir exécutif avec armes et bagages, est ainsi restée la France : fidèle à elle-même et capable de résister au tsunami qui a déjà frappé de nombreux autres pays, en premier lieu l'Angleterre et les États-Unis, berceaux de la démocratie libérale. Un soulagement mâtiné de fierté. La société française, qu'on observait de plus en plus apathique, comme progressivement dépourvue d'anticorps, a au contraire repoussé une nouvelle fois le virus. Attention aux mutations de ce dernier et à l'état du patient : celui-ci serait imprudent de surestimer ses forces et de ne pas engager rapidement un exigeant travail d'autodiagnostic en même temps qu'un traitement adapté, potentiellement lourd. L'été 2024 aura connu une embellie inattendue mais l'instabilité politique nous guette dangereusement et de mauvais vents pourraient revenir plus vite que prévu. Quand trois « blocs[1] » s'opposent

1. Car ils sont bien au nombre de trois et non de deux, comme l'avait théorisé autant qu'espéré l'ancien sondeur Jérôme Sainte-Marie, autrefois

et mettent en scène leur commune détestation – même à l'heure d'un front républicain réactivé –, comment trouver les voix durables d'un esprit de coalition à l'échelle du Parlement et d'un apaisement dans la société ? Notre culture politique et notre psyché collective du moment semblent nous disqualifier pour ce qui constitue, pourtant, le lot commun de nombreuses démocraties parlementaires.

Laissons le mot de la fin à l'historien, en forme d'avertissement, car, à la fin, c'est toujours l'histoire qui tranche :

> Il n'est écrit nulle part que l'avenir de la France soit la Suisse, que l'avenir de l'Occident libéral soit la monarchie républicaine française, que l'avenir de l'humanité soit la démocratie. Il est assez facile de définir le tragique : quand la solution est pire que le problème, mais que c'est la solution. C'est parce que la société a toujours raison que l'histoire est tragique[1].

---

proche de la gauche et devenu l'un des intellectuels organiques de l'extrême droite française, candidat défait aux élections législatives de cet été 2024, sous l'étiquette du Rassemblement national.

1. Pascal Ory, *Ce cher et vieux pays…*, Paris, Gallimard, coll. « Tracts », n°51, 2023.

À la société française de savoir enfin l'histoire qu'elle veut écrire en répondant à ces deux questions entremêlées, aussi fondamentales que fédératrices : « Qu'est-ce que la France ? » et « Comment faire France ? ». Et, à l'échelle de chacun et chacune d'entre nous, de savoir ce qui nous rend encore fiers et heureux d'être Français.

*

Il a 13 ans et il n'est pas sûr de ce qu'il doit faire des bribes de débats et commentaires qu'il saisit, dans les médias et dans les conversations, sans en intégrer pleinement le sens : ressentiment, fin du monde et fin du mois, colère, rejet, racisme anti-blancs, grand remplacement, tsunami migratoire, insécurité, décivilisation, racaille, double frontière, crise morale, crise démocratique…

Mais il se dit une chose simple en regardant Jordan Bardella à la télévision : il est beau – si l'on en croit les filles –, il est cool – si l'on en croit TikTok –, il est stylé – si l'on en croit ses costumes cintrés et sa pratique du sport –, il est jeune et il parle bien. Et comme lui, il est d'origine étrangère. Le Maroc, ça vaut bien l'Italie, non ? Alors, même s'il n'a que 13 ans, en toisant Jordan Bardella sur l'écran plat du salon, il s'en fait la promesse : un jour, il sera à sa place. Et cette fois, ses parents n'auront ni peur, ni honte. Au contraire, ils auront enfin la tranquille certitude qu'ils sont bel et bien chez eux.

Les membres du collectif « Les choses de la vie »

« Les choses de la vie » est un collectif de consultants indépendants issus du monde des idées, de la communication, du numérique et de la politique. Un « cabinet de curiosité » entre et le think tank et l'agence. Ses membres sont attachés à l'intérêt général et défendent une certaine idée du futur. Un futur qu'ils veulent contribuer à rendre le moins dystopique possible. *La France à 20 heures* est leur premier ouvrage.

Emmanuel Durand

Expert de l'innovation et du numérique, Emmanuel a ouvert et dirigé le bureau parisien de Snapchat après une carrière dans les industries créatives, notamment chez Warner Bros. Il est l'auteur de deux essais aux éditions Sciences Po sur la disruption des industries culturelles par le numérique, et collabore actuellement au fonds d'investissement Edge.

Thierry Keller

Thierry a cofondé la revue *Usbek & Rica*, dont il a dirigé la rédaction jusqu'en 2021. Journaliste et essayiste, il a notamment écrit (avec Arnaud Zegierman) *Ce qui nous rassemble* (Les Belles lettres, 2017) et *Quand on n'ose plus rien dire, de peur de passer pour un réac* (l'Aube, 2024).

Jean-Daniel Lévy

Directeur délégué de l'institut Harris Interactive, Jean-Daniel, s'est spécialisé depuis vingt-cinq ans dans l'analyse électorale, l'identification des enjeux, logiques et dynamiques d'opinion, ainsi que dans la compréhension des zones de force et de faiblesse des acteurs prenant la parole dans l'espace public.

Raphaël LLorca

Raphaël est communicant, co-directeur de l'Observatoire « Marques, imaginaires de consommation et Politique » à la Fondation Jean-Jaurès. Essayiste, il est notamment l'auteur de *Le roman national des marques* (l'Aube/Fondation Jean-Jaurès, 2023), lauréat du prix La Tribune 2024.

Axel Salmon

Axel est communicant, fondateur de l'agence Septième Fonction, spécialisée en stratégie de marque et accompagnement du changement dans des environnements privés et publics. Il enseigne la communication corporate à l'Institut d'études politiques de Saint-Germain-en-Laye.

Mathieu Souquière

Consultant, essayiste, expert associé auprès de la Fondation Jean-Jaurès et ancien conseiller ministériel. Mathieu a notamment publié *Retour sur un quinquennat anormal* (Fondation Jean-Jaurès, 2020) et *2022, la flambée populiste* (avec Damien Fleurot, Plon, 2021).

Les autres contributeurs :

Pascal Demurger est directeur général de la MAIF. Il a publié *L'entreprise du XXI*e *siècle sera politique ou ne sera plus* (l'Aube, 2019).

Manon Fleury est cheffe du restaurant Datil à Paris. Elle a publié *Céréales. Les recettes d'une cheffe engagée* (Flammarion 2022), qui a reçu le prix Livres & Savoirs de l'Académie nationale de cuisine.

Les membres du collectif

Tristan Guerra est politiste et responsable de la recherche du think tank Destin Commun. Ses recherches portent sur les dynamiques de polarisation en Europe et sur les évolutions politiques en France (tripartition, évolution du système partisan, Gilets jaunes).

Aure Goffman est scénariste et dramaturge. Aure Goffman est un pseudo.

François Kraus est directeur du pôle Politique/Actualité - Département Opinion de l'Ifop.

Les membres du collectif « Les choses de la vie » tiennent à remercier chaleureusement leur ami Pierre-Louis Colin, à l'origine de ce livre.

Table des matières

Pour limiter l'empreinte environnementale
de leurs livres, les éditions de l'Aube
font le choix de papiers issus de forêts durablement
gérées et de sources contrôlées.

Achevé d'imprimer en août 2024
sur les presses de l'imprimerie Firmin-Didot
pour le compte des éditions de l'Aube
331, rue Amédée-Giniès,
F-84240 La Tour-d'Aigues

Numéro d'édition: 6016
Dépôt légal: septembre 2024
Numéro d'impression: 180985

Imprimé en France